O Stoll

Zur Zoogeographie der landbewohnenden Wirbellosen

O Stoll

Zur Zoogeographie der landbewohnenden Wirbellosen

ISBN/EAN: 9783743647350

Hergestellt in Europa, USA, Kanada, Australien, Japan

Cover: Foto ©berggeist007 / pixelio.de

Weitere Bücher finden Sie auf **www.hansebooks.com**

Zur Zoogeographie

der

landbewohnenden Wirbellosen

von

Dr. Otto Stoll

o. ö. Professor der Geographie an der Universität Zürich.

Mit 2 Tafeln.

Berlin.
R. Friedländer & Sohn.
1897

Vorwort.

Die Zoogeographie ist lange Zeit eine Art Aschenbrödel unter den Wissenschaften gewesen. Zimmermann als Begründer der Disciplin im vorigen Jahrhundert, Wallace als ihr Reformator und Neubegründer in diesem Jahrhundert bezeichnen die bedeutendsten Marksteine im Entwickelungsgange dieser Wissenschaft. Weder die Zoologen, noch die Geographen vermochten, mit wenigen Ausnahmen, der Thiergeographie Geschmack abzugewinnen und diese Gleichgültigkeit findet in den vielfach vollständig ungenügenden Vaterlandsangaben unserer Sammlungsetiketten ihren beredten Ausdruck. Erst in der neuesten Zeit bricht sich die Erkenntniss Bahn, dass im Studium der heutigen Verbreitung der thierischen Formen auch ein wichtiges Hülfsmittel für die Reconstruction der zoogeographischen, zum Theil sogar der topographischen Verhältnisse der Vorzeit gegeben sei. Allerdings bedarf die Anwendung dieses Hülfsmittels einstweilen noch grosser Vorsicht und Kritik, seine Tragweite und seine Beweiskraft muss sich erst durch die Anwendung nach verschiedenen Richtungen hin nach und nach herausstellen, bevor wir ganz sicher damit arbeiten können. Da sich indessen in den letzten Jahren die Zahl der zoogeographischen Specialuntersuchungen, theils von zoologischer, theils von geologischer Seite ausgehend, erfreulich gemehrt hat, so wird es kaum mehr lange dauern, bis auch der Zoogeographie ihre richtige Stelle und ihr richtiger Rang zuzuweisen sein wird.

Als kleiner Beitrag in diesem Sinne beschäftigt sich die vorliegende Arbeit mit einigen Fällen von auffällig sprungweiser Verbreitung, wie sie bei verschiedenen Gruppen der terrestrischen Invertebraten sich finden. Sie verdankt aber ihre Entstehung nicht der Meinung, etwas erheblich Förderndes oder gar Entscheidendes für die Erklärung dieser Fälle beigebracht zu haben, sondern vor allem der Absicht, die Aufmerksamkeit der Zoologen und Geologen auf diese merkwürdigen Fälle weitverbreiteter und zum Theil stark disjungirter generischer Typen zu lenken.

Die ersten beiden Abschnitte der vorliegenden kleinen Arbeit waren bereits in Jahrgang 37, 38 und 40 (1892, 1893, 1895) der „Vierteljahrsschrift der Naturforschenden Gesellschaft in Zürich" veröffentlicht worden. Da aber diese Zeitschrift seither ihr Format geändert hat und mir zudem für die in meiner Abhandlung behandelte Frage noch weiteres wichtiges Detailmaterial bekannt geworden war, zog ich es vor, die ganze Arbeit, mit den nöthigen Ergänzungen und dem Abschluss versehen, noch einmal gesondert erscheinen zu lassen.

Zürich, im December 1896.

Otto Stoll.

1. Allgemeine Bemerkungen.

Wenn man in den allgemeinen Lehrbüchern der physikalischen Geographie und der Zoologie das Kapitel der geographischen Verbreitung nachliest und die kartographischen Darstellungen derselben betrachtet, so geräth der Nicht-Zoologe leicht in Versuchung, der Summe von Thatsachen, welche für einzelne und bestimmte Thiergruppen gefunden worden sind, die Bedeutung allgemein gültiger Gesetze beizulegen und die Regionen, die uns nach der Sclater-Wallace'schen Terminologie als paläarktische, orientalische, äthiopische u. s. w. geläufig sind, für den grundlegenden Rahmen anzusehen, in dem sich im Grossen und Ganzen und in mehr oder weniger ähnlicher Umgrenzung auch die Verbreitung der übrigen Thiergruppen halten müsste. Die einer bestimmten Region als Grundstock zukommenden Familien und Gattungen wären gewissermassen vor langen geologischen Zeiten schon in Eines Glückes Schiff mit einander gestiegen und hätten, durch gemeinsame erdgeschichtliche Schicksale verbunden, sich allmälig unter dem Einflusse der Zuchtwahl und der Anpassung mit verschiedener Schnelligkeit, aber unaufhörlich divergent von den Bewohnern der übrigen zoogeographischen Regionen entwickelt. Nun zeigen sich aber bekanntlich schon innerhalb der relativ doch artenarmen Gruppen der Landvertebraten einige recht bemerkenswerthe Ausnahmen und wenn man erst daran geht, im Reiche der terrestrischen Wirbellosen mit einigem Detail die Verbreitungsareale der einzelnen Familien und Gattungen zu umschreiben, so überzeugt man sich leicht, dass in zahlreichen Fällen die Verbreitungsbezirke in kartographischer Darstellung wesentlich anders ausfallen, als wir es nach dem Schema der zoogeographischen Provinzen erwarten würden. Diese Areale überschreiten, anscheinend regellos, die Grenzlinien der Wallace'schen Regionen, schneiden Stücke aus einzelnen derselben heraus und schmelzen sie zu einem einheitlichen Gebiet zusammen. Dieser Umstand war natürlich dem Reformator der Sclater'schen Provinzen wohl bekannt und speciell in seinem classischen »Island life« hat er eine Anzahl solcher Fälle vornehmlich aus den höhern Thiergruppen discutirt. So sehr man daher auch die Berechtigung der grossen Wallace'schen Regionen anerkennen muss, so darf man doch die aberranten Vorkommnisse nicht ganz aus dem Auge verlieren, denn sie sind, wie im folgenden gezeigt werden soll, immerhin zahlreich genug, um auf besondere Berücksichtigung Anspruch zu haben.

Es giebt Gattungen, deren Verbreitungsareale disjungirt sind, d. h. in mehrere Inseln zerfallen, die durch weite, theils von Land, theils von Meeren eingenommene Erdräume getrennt sind, ohne dass für diese Art der Verbreitung etwa eine recente Verschleppung anzunehmen wäre. Andere Gattungen wiederum umspannen mit ihren Arten ohne sichtliche Lücken den grössten Theil der thierischen Oekumene und wo etwa bei derartigen Gattungen Lücken in der Verbreitung sich finden, so sind sie, namentlich bei kleinen und wenig beachteten Thieren, möglicherweise weit eher unserer mangelhaften Kenntniss, als wirklichem Fehlen zuzuschreiben. Eine so grossartige Ausdehnung der Verbreitungsbezirke hat nichts Auffallendes bei Thiergruppen, denen ausreichende Hülfsmittel für eine rasche und ausgiebige Wanderung zu Gebote stehen und die zudem gegenüber klimatischen Einflüssen, vor allem gegenüber den thermischen Extremen, sich indifferent verhalten. Dahin gehören in erster Linie eine Anzahl guter Flieger, sowohl unter den Vögeln, als unter den Insecten. Welche erstaunlichen Beträge die active Wanderung gewisser Thierarten erreichen kann, sah ich in früheren Jahren auf dem Isthmus von Centralamerika, der als Durchgangsstrasse für eine ganze Reihe von in grossem Stile wandernden Thieren dient. So wandert z. B. *Buteo obsoletus* Gm. (= *B. Swainsoni* Bp.), ein grosser Bussard und ein äusserst kräftiger Flieger, beim Herabrücken des nordischen Winters allmälig immer weiter südlich. Er durchzieht Centralamerika alljährlich in gewaltigen, dichtgedrängten Schaaren, die sich während der Wanderung hoch oben in der Luft als breiter dunkler Streifen von ungeheurer Länge am blauen Himmel abheben. Er folgt dann in Südamerika dem Sommer der Südhemisphäre und geht auf diese Weise bis nach Patagonien hinab. Dieser Zugvogel legt also möglicherweise im Laufe weniger Monate eine Strecke von nicht weniger als 90 Breitegraden, den vierten Theil des Meridianumfanges der Erde zurück.

Die Wolken wandernder Heuschrecken, welche seit Jahren die Wälder und Pflanzungen der mittelamerikanischen Tiefländer und Gebirgsflanken verwüsten, bestehen ausschliesslich aus *Schistocerca peregrina* Ol., einer Art, welche auch in Südeuropa, Syrien und Afrika in gleicher Weise vorkommt. Die Thiere, die sich in Amerika von Mexico bis in die Pampas hinab verbreitet haben, müssen also auf irgend eine Weise durch Wanderung in die östliche Festlandmasse hinübergelangt sein.

Zu den energischen Wanderthieren der centralamerikanischen Tropen gehört ferner *Megalura Chiron* Fab., ein Tagschmetterling, dessen Schaaren ich tagelang in nordsüdlicher Richtung über die Costa Grande des nordwestlichen Guatemala dahinziehen sah. Entsprechend dieser Eigenschaft, extensiv und activ zu wandern, ist denn auch die geographische Verbreitung dieses Schmetterlings eine ausserordentlich grosse, sie umfasst Central-

und das tropische Südamerika, also einen beträchtlichen Theil des neotropischen Faunengebietes. Bekanntlich treten auch europäische Tagfalter, wie *Vanessa cardui* L. gelegentlich schaarenweise als active Wanderer auf, und dieser Eigenthümlichkeit hat wohl der Distelfalter seine weltweite Verbreitung zu verdanken.

Als bescheidene Fusswanderer treten in Central- und Südamerika eine Anzahl von Ameisenarten auf, die man in der Landessprache als »arrieras« bezeichnet, weil sie nach Art der Maulthiere in schmalen, aber langen Zügen hintereinander marschiren. Ihre Wanderung geschieht, entsprechend der Kleinheit der übrigens sehr lebhaften und beweglichen Thiere, langsam, ihre Wirkung auf die geographische Verbreitung der Arten wird aber unterstützt durch den Umstand, dass diese Ameisen nicht an feste Nester gebunden sind, sondern ihre Larven und Puppen auf ihren Zügen mit sich führen, sowie dadurch, dass ihre Geschlechtsthiere, wie die der meisten übrigen Ameisen, geflügelt und daher noch leichter beweglich sind, als die Arbeiter und Soldaten. Einige der circa 25 Eciton-Arten sind von Südbrasilien bis nach Guatemala hinauf verbreitet, nämlich *E. Foreli* Mayr, *coecum* Latr., *vagans* Ol., *pilosum* Sm. und *crassicorne* Sm.

Dass auch die Termiten, und zwar die ungeflügelten Bewohner der Bauten, gelegentlich als active Wanderer auftreten, um in geordneten Schaaren andere Quartiere zu beziehen, habe ich in zwei Fällen beobachtet, wo ich eine solche Schaar bei Tage und oberirdisch wandern sah. Sonst aber kommt für die Verbreitung der Termiten hauptsächlich das Wandern der geflügelten Geschlechtsthiere in Betracht, und zwar ist dasselbe insofern ein passives zu nennen, als die Thiere, die schlechte und langsame Flieger sind, leicht vom Winde verschleppt werden. Dadurch erklärt sich die weite Verbreitung mancher amerikanischer und afrikanischer Termiten-Arten, während für die Verbreitung der Gattungen in allen tropischen und subtropischen Gebieten der Umstand wesentlich ist, dass die Termiten geologisch einen uralten Arthropoden-Typus darstellen.

Solche Fälle activer Wanderer, denen sich sowohl für Amerika, als für die alte Welt eine Reihe anderer an die Seite stellen liessen, kommen aber auch in Betracht als Vermittler extensiver, passiver Wanderungen. Die wandernden Vogelarten dienen als Vehikel für eine Reihe von Schmarotzern, wie die Mallophagen, die Federmilben, die Eingeweidewürmer. Auch die wandernden Heuschrecken sind mit Fliegenlarven und Eingeweidewürmern stark besetzt. In der That erklärt sich das fast cosmopolitische Vorkommen mancher Gattungen und Arten dieser Schmarotzer am ungezwungensten durch derartige passive Wanderungen.

In nicht wenigen Fällen ist es der Mensch und namentlich der seefahrende Mensch gewesen, welcher, häufig ganz unabsichtlich, die geographische Verbreitung gewisser Thiere übernommen hat. Darauf ist z. B. das cosmopolitische Vorkommen gewisser Ameisen-Arten zurückzuführen. Jedem, der tropische Meere befahren hat, ist es aus eigener, schmerzreicher Erfahrung bekannt, wie sehr sich gewisse Ameisen-Arten auf den Schiffen selbst heimisch gemacht haben und mit ihnen von Continent zu Continent gezogen sind. Auch mehrere den Blattiden zugehörige Orthopteren haben lediglich durch den Schiffsverkehr ihre heutige grosse Verbreitung erlangt, wie z. B. *Phyllodromia germanica* L., *Periplaneta orientalis* L. und *P. americana* L. In einigen Fällen sind sogar ausserordentlich schlecht zu activer Wanderung befähigte Thiere durch den Menschen weit verbreitet worden. Ich will davon bloss *Helix lactea* Müll., eine dem westlichen Mittelmeergebiet entstammende Landschnecken-Art, die durch die Spanier in Argentinien, und *Helix aspersa* Müll., die ebenfalls der mediterranen Fauna angehört und von den Franzosen auf Réunion eingebürgert wurde, erwähnen. Auch im Innern unseres Continentes haben, allerdings in viel bescheidenerem Massstabe, solche Verschiebungen stattgefunden. So ist die dem Mittelmeergebiet entstammende *Clausilia itala* v. Mrts. bei Weinheim an der Bergstrasse und bei Stuttgart, also weit von ihrer Heimath entfernt, eingeschleppt worden, die osteuropäische *Claus. bosniensis* P., die ihre Heimath in Croatien und Bosnien hat, findet sich, ebenfalls eingeschleppt, bei Wien. Die gemeine Weinbergschnecke *(Helix pomatia* L.), die sich jetzt im südlichen Schweden häufig findet, ist daselbst erst im vorigen Jahrhundert eingeführt worden, Linné selbst sagt von ihr in der Fauna Svecica: »in hortis; allata a Germania; sponte vix occurrit«. *Helix aspersa* Müll. kommt nach Böttgers brieflicher Mittheilung verschleppt bei Strassburg vor und ist daselbst seit 30 Jahren häufig. In der Schweiz findet sie sich im Umkreis einer Stunde bei Lausanne in der Region der Weinberge. Nach der Localtradition ist sie vor Zeiten von den katholischen Priestern absichtlich angesiedelt worden. Es wird dies durch das beschränkte Vorkommen und durch den Umstand wahrscheinlich, dass sie in Genf fehlt. In Bern wurde sie durch S. Studer angesiedelt und v. Charpentier verpflanzte sie nach Bex. Erst ganz kürzlich (2. Okt. 1892) fand ich das erste Stück lebend im Villenquartier von Enge-Zürich an einer Gartenmauer. Es war wohl durch Zufall und noch nicht sehr lange dahin aus südlichern Gegenden verschleppt worden, da weder Mousson, noch Suter-Näf, noch ich selbst früher jemals *H. aspersa* in Zürich gefunden hatten. Wie wichtig der intensive Wechselverkehr Europas mit Amerika für die ganz unbeabsichtigte geographische Verbreitung einiger wild lebender Thiere geworden ist, braucht nicht mit speciellen Beispielen belegt zu werden.

Aber alle derartigen Fälle sind für die uns beschäftigende Frage von untergeordneter Wichtigkeit, nachdem wir einmal für eine ganze Reihe von Thieren die Thatsache kennen, dass sie in relativ kurzer Zeit, sei es activ oder passiv, ungeheure Wegstrecken zurückgelegt und sich neue Wohngebiete erobert haben. Sie beweisen bloss, dass der Process der

Verschiebung der Verbreitungsareale fortwährend vor sich geht und dass desswegen eine kartographische Scizze derselben nur eine für einen bestimmten Zeitabschnitt gültige Momentaufnahme darstellt, welche für eine Reihe von Arten und Gattungen schon in den kurzen Zeiträumen der historischen Zeit eingreifende Veränderungen erlitten hat und noch fortwährend erleidet. Denn die Wanderung, sei sie eine active oder passive, geht nicht bloss im positiven Sinne einer Weiterausdehnung vor sich, sondern sie ist oft genug, und nicht zum wenigsten unter dem Einflusse des Menschen, eine negative gewesen, indem früher occupirte Wohngebiete einzelner Arten und Gattungen eingeengt wurden und selbst ganz verloren gingen.

Viel wichtiger jedoch in wissenschaftlicher Hinsicht und zugleich der Erklärung schwieriger zugänglich sind eine Reihe von Vorkommnissen, bei denen es sich um terrestrische Thiertypen handelt, deren migratorische Fähigkeiten und Möglichkeiten sehr beschränkt sind und die doch in identischen Gattungen und in naheverwandten Arten in Gebieten vorkommen, welche in der Jetztzeit nicht nur durch weite Meere getrennt, sondern auch in ihrem allgemeinen Faunencharacter hinlänglich differenzirt sind, um die Aufstellung verschiedener Regionen veranlasst zu haben. Gerade die Fülle dieser Unterschiede, die Menge, Grösse und Farbenpracht derjenigen Gruppen, die infolge langen räumlichen Getrenntseins sich stark von einander entfernt und divergent entwickelt haben, ist es, welche den Sinn des Naturforschers leicht derart gefangen nimmt, dass er die oft bescheidenern und weniger zahlreichen Formen nicht beachtet, welche in constantem Habitus in all den divergenten Faunen der heutigen Erde wiederkehren. Die Erklärung einer weltweiten Verbreitung solcher Formen wird besonders schwierig, wenn es sich um Typen handelt, die nur aus der Jetztzeit bekannt sind, da ihr Mangel an Hartgebilden ihre Erhaltung in fossilem Zustande unmöglich machte.

So lange derartige Vorkommnisse nur vereinzelt und gelegentlich bekannt waren und so lange nur die Specialisten der einzelnen Thiergruppen Anlass hatten, sie für ihr Einzelgebiet als Anomalien der Verbreitung zu registriren, war es nicht möglich, ihre Wichtigkeit hinlänglich zu würdigen und ihre Erklärung zu suchen: es mochte damals die Annahme einer zufälligen Verschleppung durch Thiere, Menschen, Luft- und Meeresströmungen genügen, um den einzelnen Fall halbwegs befriedigend zu erledigen. Wenn man sich aber die Mühe nimmt, die einzelnen Fälle näher zu verfolgen und namentlich, wenn man die Vorkommnisse dieser Art innerhalb verschiedener Thiergruppen sammelt und zusammenstellt, so wird man darauf geführt, dass es sich um eine Thatsache allgemeiner Natur handelt, welche eine andere Erklärung verlangt. Eine derartige Zusammenstellung existirt zur Zeit noch nicht. Ihre Voraussetzung wäre eine gleichmässige Durchbildung der systematischen Zoologie. Leider haben die vielen Fragen, welche infolge der Descendenztheorie die Naturforscher zu beschäftigen begannen, das Interesse der Fachzoologen etwas von der Systematik weggezogen und sie veranlasst, das Hauptgewicht ihrer Thätigkeit auf embryologische, vergleichend anatomische und phylogenetische Studien zu verlegen und es sind sogar die historischen Begriffe des »genus« und der »species« unter dem lebhaften Eindrucke der Darwin'schen Lehre in übertriebenem Masse als schwankend und subjectiv behandelt worden. Und doch sind sie, und zwar die »Gattung« viel mehr noch als die »Art«, der Grundpfeiler, auf dem eine zoogeographische Statistik der geschilderten Art beruht: nur wo die »Gattung« als eine morphologisch fest umgrenzte, allseitig anerkannte Grösse uns entgegentritt, darf sie zu zoogeographischen Folgerungen benützt werden, wo ihr Begriff schwankt, wo Heterogenes willkürlich und vag vereinigt wurde, ist sie für zoogeographische Zwecke nicht nur werthlos, sondern ihre Benutzung kann sogar zu verhängnissvollen Irrthümern führen. Nun sind beim gegenwärtigen Stande der Dinge, und speciell bei dem zahllosen Heer der terrestrischen Wirbellosen ist dies der Fall, nur eine verhältnissmässig beschränkte Anzahl von Ordnungen und Familien systematisch hinlänglich scharf durchgearbeitet, ganz abgesehen von dem Umstande, dass die gründlichere Durchforschung entlegener Erdstriche jährlich neue und zum Theil unerwartete zoogeographische Thatsachen zu Tage fördert. Es bleibt daher vorderhand dem Zoogeographen nichts übrig, als eklektisch vorzugehen und aus jeder der grossen systematischen Abtheilungen der Landthiere diejenigen Gruppen herauszusuchen, die einerseits hinsichtlich ihrer generischen Charactere und ihrer geographischen Verbreitung hinlänglich gut bekannt sind, und die anderseits für eine thiergeographische Verwerthung die günstigsten Bedingungen aufweisen. Als besonders wichtig und beweiskräftig müssen in dieser Beziehung solche Gattungen oder Gattungsgruppen bezeichnet werden, welche eine etwas isolirte Stellung im zoologischen Systeme einnehmen, welche daher durch scharfe und leicht zu erfassende Charactere von den übrigen Gattungen der Familie oder Ordnung getrennt sind und welche nur eine mässige Anzahl von Arten umfassen und zwar von solchen, die schlechte active Wanderer sind und die auch der passiven Verbreitung Schwierigkeiten in den Weg stellen. Grosse Gattungen mit reichentwickelten Formenkreisen sind zoogeographisch weniger günstig, liefern aber doch eine Reihe höchst bemerkenswerther Thatsachen.

Wenn man nun Gattungen, welche in der beschriebenen Weise günstige Verhältnisse darbieten, in den verschiedenen Abtheilungen der invertebraten Landthiere auf ihre geographische Verbreitung prüft, so ergeben sich einige Resultate von allgemein zoogeographischem Interesse. Wir wollen dieselben vorläufig zusammenstellen, bevor wir sie an der Hand von Thatsachen belegen.

1. Zunächst zeigt es sich, dass in allen der hier in Frage kommenden Gruppen wirbelloser Landthiere eine nicht unerhebliche Anzahl

von mehr oder weniger isolirten, scharf characterisirten Gattungen vorhanden sind, die trotz der geringen Zahl und der relativen Seltenheit ihrer Arten über so weite Erdbezirke verbreitet sind, dass ihre Verbreitung mehrere, in einigen Fällen sogar sämmtliche der grossen zoogeographischen Regionen umfasst. Die specifische Differenzirung ist dabei so weit gediehen und die Einzelheiten der Verbreitung sind so characteristisch, dass eine recente Verbreitung durch active oder passive Wanderung fast mit Sicherheit ausgeschlossen werden kann.

Unter »recenter Verbreitung« wollen wir einerseits diejenige verstehen, welche nach und theilweise infolge der letzten eiszeitlichen Veränderungen in der Facies der Erdoberfläche, also nach dem Rückzug der grossen Vergletscherungen, erfolgt ist, anderseits aber auch diejenige, die innerhalb der historischen Zeit vornehmlich durch die, beabsichtigte oder unbeabsichtigte, Einwirkung des Menschen eingeleitet wurde.

2. Die Verbreitungsareale dieser Gattungen sind zonenförmig in der Richtung der Parallelkreise gelagert. In vielen Fällen sind sie ringförmig geschlossen, d. h. sie erstrecken sich über alle Landmassen der betreffenden Breiten, jedenfalls aber ist durchschnittlich ihre Ausdehnung in der Richtung der geographischen Länge eine ausgedehntere, als nach der geographischen Breite.

3. Wo die Verbreitungsringe Lücken aufweisen, fallen diese bei den einzelnen Gattungen durchaus unregelmässig, bald auf intra-, bald auf extratropische Gebiete sowohl der westlichen, als der östlichen Landmassen. Ein allgemeines Gesetz im Auftreten dieser Verbreitungs-Lücken ist daher nicht zu erkennen, sie müssen von Fall zu Fall, von Gruppe zu Gruppe untersucht werden. Nur soviel ist zu sagen, dass dieselben nicht vom Wärmegang abhängig sind.

In einzelnen Fällen sind die Lücken so auffallend, dass man mit einer gewissen Wahrscheinlichkeit ihre spätere Ausfüllung durch lebendes oder fossiles Material bei gründlicherer Durchforschung der betreffenden Gebiete erwarten kann.

4. Es giebt eine Anzahl von gut characterisirten Gruppen, bei denen die Gattungscharactere bereits in der Weise sich zu differenziren begonnen haben, dass sehr nahe verwandte, aber doch nicht mehr völlig identische Genera oder Subgenera vicarirend für einander in den verschiedenen Abschnitten des Verbreitungsringes auftreten.

In anderen Fällen dagegen kommt auch den Subgenera eine allgemeine Verbreitung zu.

5. In Bezug auf die Breitenerstreckung kommen, bei deutlicher Tendenz zu ringförmiger Lagerung der Areale, verschiedene Fälle vor, nämlich:

a) Beschränkung der Gattung entweder auf die borealen oder auf die notialen Regionen der thierischen Oekumene.

b) Beschränkung auf die borealen und notialen Regionen mit Ausschluss des intratropischen Gebietes.

c) Beschränkung auf das intratropische Gebiet, zuweilen mit Einbezug der subtropischen Regionen, aber unter Ausschluss des eigentlich borealen und notialen Gebietes.

d) Indifferente Verbreitung durch die intra- und extratropischen Gebiete.

6. Wo die Verhältnisse besonders günstig liegen, wo sich ein und derselbe scharf umschriebene Gattungstypus der Jetztwelt an der Hand fossiler Reste in vergangene Epochen der Erdgeschichte zurückverfolgen lässt, zeigt es sich, dass im Allgemeinen eine Einengung früher ausgedehnterer Verbreitungsgebiete stattgefunden hat.

In nicht seltenen Fällen hat diese Einengung eine Auflösung früher zusammenhängender Areale in Inseln zur Folge gehabt.

Bei einer Anzahl von Gattungen lässt die Einengung deutlich ein Zurückweichen des betreffenden Genus von den höheren Breiten gegen den Aequator hin und damit eine Abhängigkeit von den thermischen Gürteln der Erde und ihren Aenderungen im Laufe der Erdgeschichte erkennen. Indessen ist diese Abhängigkeit, wie später im Speciellen gezeigt werden soll, stets cum grano salis zu nehmen und jedenfalls keineswegs der einzig ausschlaggebende Factor bei der Verschiebung der Areale.

Auf welche merkwürdigen Dinge man beim Studium der thiergeographischen Verhältnisse auch jetzt noch gefasst sein muss, beweist folgender Fall, den mir Prof. Forel mittheilt: Prof. Mayr in Wien hatte die Ameisen-Gattung *Gesomyrmex* für eine fossile Art aus dem baltischen Bernstein aufgestellt. Später beschrieb Emery eine zweite *Gesomyrmex*-Art aus dem sicilianischen Bernstein. Und erst neuerdings wurde für diese Gattung, die man für ausgestorben hielt, eine noch lebende Art in Borneo constatirt.

Bevor wir nun weitere Erörterungen an die obigen Sätze anknüpfen, will ich ihre Berechtigung durch eine Anzahl von Beispielen darzuthun suchen, die ich aus verschiedenen Gruppen der Wirbellosen entnehme. Ich beabsichtige dabei nicht eine erschöpfende Zusammenstellung der hierhergehörigen Thatsachen, sondern es liegt mir bloss daran, an einer Anzahl heterogener Thiergruppen das gleichmässige Wiederkehren der in obigen Sätzen zusammengefassten Erscheinungen nachzuweisen. Daher beschränke ich mich möglichst auf den Rahmen meiner persönlichen Beobachtungen und nehme nur in denjenigen Gruppen, wo mir die nöthige Detail-Kenntniss abgeht, zu Literaturnachweisen und zu den Mittheilungen meiner Freunde Zuflucht. Von diesen sind mir in erster Linie die Bemerkungen meines Freundes Prof. A. Forel über die Ameisen von hohem Werthe gewesen, da es sich dabei um eine Gruppe handelt, welche, obwohl sie Thiere von bemerkenswerthen, zum Theil sogar sehr hervorragenden migratorischen Fähigkeiten umschliesst, doch eine Reihe zoogeographisch merkwürdiger Verhältnisse darbietet und dabei den Vortheil geniesst, von ausgezeichneten Specialisten auf einen hohen Grad systematischer und faunistischer Vollkommenheit gebracht worden zu sein. Ebenso hatte Herr Prof. Oskar Böttger in Frankfurt die Güte, mir die hierher gehörigen zuverlässigen Fälle unter den aussereuropäischen Landmollusken zusammenzustellen. Herrn Dr. M. Standfuss verdanke ich einige wichtige Thatsachen für die paläarktischen Lepidopteren.

Eine Reihe von Thiergruppen schliesse ich absichtlich von der Betrachtung aus, nämlich die Wirbelthiere, ferner die im süssen Wasser und frei in der Erde lebenden Invertebraten und endlich die ständigen Parasiten auf thierischen Wirthen.

Die zoogeographische Betrachtung der Wirbelthiere erfordert durchaus die Beiziehung des weitschichtigen paläontologischen Materiales. Die zoologische Facies ausgedehnter continentaler Massen ist im Laufe relativ kurzer Zeiten (geologisch gesprochen) eine ganz andere geworden, als sie früher war. Ich erinnere beispielsweise an das gänzliche Fehlen von *Elephas* und *Equus* in der heutigen amerikanischen Fauna, während die Vorzeit eine ganze Reihe von Arten dort aufzuweisen hatte, an das Fehlen von *Rhinoceros* auf einigen der östlichen Inseln Indonesiens, wo sie nach den fossilen Resten früher vorhanden waren u. dgl. mehr. Und endlich hat auch der Mensch und leider in einem nicht immer historisch nachweisbaren Grade die faunistische Zusammensetzung der Säugethierwelt grosser Districte von Grund aus geändert, Arten ausgerottet, andere vertrieben, dritte auf neuem Boden heimisch gemacht. Es genügt hier, an ein uns historisch noch zugängliches Beispiel zu erinnern, nämlich an die grossen Antillen, deren ursprüngliche Säugethierfauna schon wenige Jahrzehnte nach der Eroberung in der eingreifendsten und gewaltthätigsten Weise, durch die Jagd und durch die Einführung der grossen europäischen Hausthiere, verändert wurde und zwar derart, dass einige der früher dort einheimischen Sänger uns fast nur noch aus den Beschreibungen der spanischen Chronisten bekannt sind. Immerhin bilden die Verbreitung der Beutelthiere in mehreren vicarirenden Gruppen über die Landmassen von Australien, der Sunda-Inseln und von Süd-Amerika, die Existenz von Angehörigen der so characteristischen Gattung *Tapirus* an zwei so entfernten Punkten, wie das tropische Amerika und Indonesien, das Vorkommen der straussartigen Laufvögel in Afrika, Südamerika, Neuholland und einigen der östlichen Inseln Indonesiens, sowie endlich das Vorhandensein ächter *Crocodilus*-Arten sowohl im tropischen Amerika, als in Afrika, Asien und Indonesien, dann die Existenz der Gattung *Alligator* in Nordamerika einerseits und im Yang-tse-kiang anderseits auch für die jetztlebende Fauna Thatsachen, welche sich den nachstehend für die Wirbellosen nachzuweisenden durchaus anschliessen.

Die grosse, wenn auch nicht ausnahmslose Gleichartigkeit der Fauna des süssen Wassers in weit getrennten Regionen der Erde ist eine zu allgemein bekannte und feststehende Thatsache, um neuer Belege zu bedürfen. Sie umfasst gleichmässig Würmer, Krebse, Insecten und das Heer der mikroskopischen Gestalten. So kommt, um nur ein besonders auffälliges Beispiel zu erwähnen, die Gattung *Belostoma* Latr., die Wasserwanzen von riesigen Dimensionen umfasst, heute noch lebend in den Tropen Asiens sowohl als Amerikas vor, sie ist aber auch fossil aus dem Miocän und den Braunkohlen Europas bekannt. Ich selbst erinnere mich noch lebhaft meines Erstaunens, als ich einst in einem Tümpel in einem Barranco von Guatemala mitten unter den grossen Belostomiden eine *Ranatra* fing, die mit der classischen *R. linearis* L. der europäischen Fauna sehr nahe verwandt ist. Auch in Mexico, Brasilien, Sumatra, Indien und Japan kommt Ranatra vor.

Die für gewöhnlich unterirdisch lebenden terricolen Oligochaeten und die frei in der Erde lebenden Nematoden haben in mancher Hinsicht andere Verbreitungsbedingungen und Verbreitungsmöglichkeiten als die über der Erde lebenden Thiere. Sie bevölkern ihr Medium in relativ dichten Schaaren, deren Continuität nur da auf grosse Strecken unterbrochen ist, wo der harte Fels zu Tage tritt und wo das Erdreich entweder durch absoluten Wassermangel oder durch regelmässige, häufige und andauernde Ueberschwemmungen für sie unbewohnbar wird. Der Wechsel der Temperatur- und Niederschlagsverhältnisse zwingt sie zu häufiger Ortsveränderung. Ihrer Verwendung für das uns beschäftigende Thema steht die noch mangelhafte Kenntniss ihres systematischen und faunistischen Verhaltens im grössten Theile der Erde zur Zeit noch hindernd entgegen, obwohl gerade die letzten Jahre für die Kenntniss der aussereuropäischen Oligochaeten manchen wichtigen Aufschluss gebracht haben. Einer circumpolaren Verbreitung einiger Gattungen, wie *Lumbricus* (sensu stricto) und *Perichaeta* Schm. bei den Oligochaeten und *Dorylaimus* Duj. bei den Nematoden stehen bei anderen Gattungen starke Localisirungen gegenüber, die vielleicht durch spätere Forschungsresultate noch behoben werden.

Die active Wanderung der terricolen Oligochaeten geschieht wohl hauptsächlich unterirdisch. Die oberirdisch wandernden Thiere dieser Gruppe sind häufig krank, d. h. von Schmarotzern besetzt und daher einem baldigen Tode verfallen. Wie viele der oberirdisch sich aufhaltenden Regenwürmer ausserdem durch Ertrinken, durch Vertrocknen und durch Feinde getödtet werden, davon überzeugt uns fast jeder Morgenspaziergang nach einer warmen Regennacht.

Die Verbreitung der Terricolen ist in horizontaler und verticaler Richtung sehr ausgedehnt. Mehrere Arten überschreiten in Sibirien das 70. Parallel und die auch in unsern Wäldern nicht seltene *Allolobophora*

Boeckii Eis. (= *Lumbricus puter* Hoffm.) erreicht nicht nur das nördlichste Norwegen, sondern findet sich sogar noch in Nowaja-Semlja bis 73° 20′.[1]) Auf amerikanischem Boden ist die Art auch für Neu-Fundland constatirt.[2]) Sie erhebt sich, nach Rosa, in den Alpen bis zu 2200 m. Noch etwas höher geht *A. alpina* Rosa.[3]) Ich selbst habe sie in etwas über 2000 m auf der Melchsee-Alp noch mit einer Reihe anderer Terricolen, wie *A. foetida* Sav., *L. castaneus* Sav. gesammelt.

Bei einigen Arten ist die weite Verbreitung mit höchster Wahrscheinlichkeit auf Verschleppung durch den Menschen zurückzuführen, wie z. B. das Vorkommen europäischer Lumbriciden-Arten in Californien, in Australien und Neu-Seeland beweist. Wenn aber die Gattung *Geogenia* in Süd-Amerika und Südafrika, *Urochaeta* in Brasilien und Java und *Acanthodrilus* in Neu-Seeland, Madagaskar, auf den Kerguelen-Inseln, am Cap der Guten Hoffnung, in Liberia und dann wieder in Patagonien, den Falkland-Inseln und Südgeorgien gefunden werden, so handelt es sich dabei doch wahrscheinlich eher um ein allgemeines Gesetz der Verbreitung, als um recente Verschleppung durch den Schiffsverkehr.

Auch stark disjungirte Areale kommen bei den Oligochaeten vor. Von den beiden bis jetzt bekannten Arten der Gattung *Trigaster* Benh. wurde die eine auf der westindischen Insel St. Thomas, die andere in Westafrika gefunden. Die fünf Arten von *Eudrilus* F. P. vertheilen sich auf Westindien und das tropische Südamerika einerseits und auf Neu-Caledonien anderseits.[4])

Die ständigen Parasiten auf thierischen Wirthen endlich sind für unsern Zweck desshalb nicht verwendbar, weil gerade sie zu den intensivsten und extensivsten Wanderern gehören. So hat *Phthirius pubis* L. längst die Reise um die Welt gemacht. Aber auch nur intermittirend parasitische Thiere wandern mit ihren Wirthen. *Sarcopsylla penetrans* L., der amerikanische Sandfloh (Nigua), ist durch den Schiffsverkehr nach dem tropischen Afrika hinüber verschleppt und dort heimisch geworden. Der gemeine Floh, *Pulex irritans* L., bevölkert die Kirchen und Häuser der mittelamerikanischen Hochlandgegenden ebensowohl, als das feuchte Heu der Stadel und Sennhütten unserer Alpen. Doch kommen auch bei dieser Categorie von Thieren Eigenthümlichkeiten vor, die einer näheren Untersuchung werth wären. So ist z. B. der Floh in den central-

---

[1]) *Eisen*, On the Oligochaeta collected during the Swedish Expeditions to the Arctic Regions etc. in: Kongl. Svenska Vetenskaps-Akad. Handlingar. Vol. 15, Nr. 7, p. 8.
[2]) *Eisen*, Om några arktiska Oligochaeter in: Öfv. Kongl. Vetensk.-Ak. Förh. 1872 Nr. 1, p. 121.
[3]) *Rosa*, La distribuzione verticale dei lombrichi sulle Alpi, in: Bollettino dei Musei di Zoologia etc. vol. II, Nr. 81, p. 2.
[4]) *W. B. Benham*, An attempt to classify Earthworms, in: Quart. Journ. Microsc. sience, new Series 1890 (vol. XXXI).

amerikanischen Hochländern ein so häufiger und allgemein alle Volksschichten heimsuchender Parasit, wie vielleicht nirgends in Europa, fehlt dagegen in dem bloss einige Wegstunden entfernten heissen Tieflande fast ganz. Ueber die Verbreitung der Kopf-Laus (*Pediculus capitis* L.) durch die spanischen Eroberer giebt Oviedo,[1]) der schon im Jahre 1514, also nur 22 Jahre nach der Entdeckung, nach Westindien kam, folgende drollige Schilderung: »In dem Bericht, den ich im Jahre 1525 in Toledo schrieb, erwähnte ich von den kleinen und lästigen Thieren, die auf dem Kopf und Leibe des Menschen leben, dass die Leute, welche in diese Länder (d. h. Westindien) kommen, deren höchst selten haben und dann bloss eines oder zwei; denn sobald wir auf der Herreise die Azoren passirt hatten, verschwanden die Läuse, welche die Leute aus Spanien mitbrachten, nach und nach. Und nachher bekamen sie hier keine mehr, ausser etwa hier geborene Kinder spanischer Eltern, wohl aber die Indianer und zwar reichlich am Leibe und auf dem Kopfe. Ich erwähnte ferner, dass man auf dem Rückwege sie wieder bekam, sobald man in die Gegend der Azoren gelangte, gerade als ob sie uns dort erwartet hätten und zwar wurden sie so lästig, dass man sie nur mit Reinlichkeit und häufigem Hemdewechsel auf ihre frühere Zahl zurückbrachte, je nach dem Eifer und der Constitution eines Jeden. Und als ich jenes schrieb, hatte ich diese Thatsache auf den vier Fahrten, die ich durch den Atlantischen Ocean gemacht hatte, an mir selbst erfahren und an Andern gesehen. Ich sagte damals der Wahrheit gemäss, was ich gesehen hatte, aber ich habe nun acht Male diese Reise gemacht und auf der letzten und vorletzten Reise habe ich etwas anderes gesehen, dass nämlich die Läuse auf dem ganzen Wege nie fehlten und dass ihre Menge so gross war, dass man damit viel Mühe und Aerger hatte.« Nach dem Zeugniss des Las Casas indessen, der schon 1502 nach Westindien gekommen war, besassen die Indianer schon Läuse, bevor ihnen die spanischen zugeführt wurden: »Die Indianer dieser Insel (Haiti) hatten in ihren Hängematten und auf ihren Köpfen viele Läuse, jetzt aber, wo die Indianer alle ausgestorben und eine so grosse Menge von Negern an ihre Stelle getreten sind, weiss ich nicht, wie es mit den Läusen steht.«[2]) Auch Las Casas hebt bereits die Seltenheit der Flöhe in dem warmen Klima von Haiti hervor.

Die Stubenfliege (*Musca domestica* L.), die zur Zeit der Entdeckung in Westindien fehlte, wurde damals ebenfalls durch den Schiffsverkehr nach dem tropischen Amerika gebracht und hat sich seither dort zu einem der zahlreichsten und verbreitetsten Commensalen des Menschen entwickelt.

Durchgehen wir nun, so weit für unsere Zwecke nöthig, die einzelnen Ordnungen in systematischer Reihenfolge.

---

[1]) *Oviedo*, Historia general de las Indias, 2 Ed., Madrid 1851. Vol. I, p. 455.
[2]) *Las Casas*, Historia de las Indias, Madrid 1876, T. V. p. 348.

Würmer.

Nach Abzug der terricolen Oligochaeten und der freilebenden Erdnematoden, sowie der parasitischen Formen kommen hier bloss noch zwei Gruppen als landbewohnend in Betracht, nämlich die Gruppe der **Landplanarien** unter den Turbellarien und diejenige der **Landblutegel** unter den Hirudineen.

Die Landplanarien, die in unsern Breiten nur durch einige wenige Kümmerformen vertreten sind, erreichen in den Tropen aller Continente in einer Reihe von grossen und zum Theil schön gefärbten Arten eine reiche Entwicklung. Sie leben dort, nach Art der kleinen Formen unserer Wälder, sehr versteckt; ich fand sie in Guatemala auf der Unterseite von Steinen, an faulenden Holzstrünken, in feuchten Rindenspalten. Ihre systematische Kenntniss lässt noch zu wünschen übrig, wir müssen uns hier mit dem Nachweis einer extensiven intratropischen Verbreitung begnügen. Am weitesten scheint unter den bis jetzt aufgestellten Gattungen *Bipalium* Stimps. zu gehen. Jedenfalls ist soviel sicher, dass es sich bloss um eine kleine Gruppe sehr nahe verwandter Gattungen handelt, deren morphologische Unterschiede, soweit es sich wenigstens um solche des äussern Habitus handelt, ziemlich geringfügig sind, wie z. B. Vorhandensein von Augen (*Rhynchodemus* Leidy), Fehlen derselben (*Bipalium* Stimps., *Polycladus* Blanch.), hammerförmige Form des vorderen Leibesendes (*Bipalium*), centralere Lage der Mundöffnung (*Polycladus*). Die einzelnen »Gattungen« scheinen bis auf einen gewissen Grad vicarirend für einander aufzutreten, indem z. B. *Bipalium* die grösste Zahl der altweltlichen, *Polycladus* die neuweltlichen tropischen Formen umfasst. Die Verbreitung ist, soweit bekannt, folgende:

Rhynchodemus Leidy. - Europa, Nordamerika, Ceylon.
Polycladus Blanch. — Chile, Brasilien, Guatemala.
Bipalium Stimps.[1]) Lu-Tschu-Inseln, Japan, China, Tschu-San-Inseln, continentales Indien, Ceylon, Madagaskar.
Geoplana, Stimps. - Brasilien, Van Diemensland.

Die Landblutegel treten ebenfalls in allen tropischen Gegenden auf, mit Ausnahme des continentalen Afrika und der oceanischen Inseln, aber in zwei generisch getrennten Gruppen. Die eine davon umfasst die Gattung *Haemadipsa* Tenn., deren Arten als gefürchtetes Ungeziefer die Wälder von Madagaskar, Ceylon, einzelner Gegenden des continentalen Indiens, ferner die Gebirge von Java, Sumatra, Neu-Guinea, Celebes bewohnen und die auch in den Gebirgen von Japan einen Vertreter

---

[1]) *Stimpson*, Prodrom. descr. an. evertebr. etc. in: Procced. Ac. Nat. Sc. Phil. 1857, p. 19 und ff.

(*H. japonica* Whitman)[1] besitzt. Landblutegel sind auch aus Süd-Australien[2] bekannt (*H. limbata* Gr.).

Die zweite Gruppe umfasst die Landblutegel der neuen Welt, welche, im Gegensatz zu den altweltlichen, seltene, vereinzelt auftretende Thiere zu sein scheinen. Es sind mir dafür bis jetzt nur zwei weit von einander entfernte Fundstellen bekannt, doch dürften weitere Entdeckungen die Kluft zwischen beiden noch verkleinern. Die eine dieser Stellen ist Desterro in Süd-Brasilien, wo Fritz Müller die erste Art auffand, welche Grube[3] als Typus einer neuen Gattung, *Cylicobdella*, beschrieb und *C. lumbricoides* nannte. Sie lebt nach Fritz Müller in der Erde. Die zweite Fundstelle ist die Urwaldzone am Volcan de Agua in Guatemala, wo ich in einer Meereshöhe von circa 2700 m, stundenweit von jedem fliessenden Wasser entfernt, unter loser Rinde eines faulenden Baumstammes eine Cylicobdella auffand, die möglicherweise mit der brasilianischen Art identisch, aber noch nicht näher untersucht ist. Das einzige Wirbelthier, das ich in der Umgebung, ebenfalls unter Baumrinde, auffand, und das möglicherweise als Nährthier für diesen Blutegel in Frage kommt, war eine kleine Salamandra-Art. Ueber das phylogenetische Verhältniss von *Cylicobdella* zu *Haemadipsa* ist zur Zeit noch nichts zu sagen, da dasselbe nur durch die anatomische Untersuchung festzustellen ist, welche für *Cylicobdella* noch aussteht.

Schliesslich mag daran erinnert werden, dass auch die Gattung *Aulastoma* Moq. Tand., deren paläarktische, durch ganz Europa bis ins östliche Sibirien verbreitete Art, *A. gulo* Moq. Tand., sich durch die starke Neigung auszeichnet, zeitweise das Wasser zu verlassen, und so das biologische Bindeglied zwischen den rein aquatischen und rein terrestrischen Formen bildet, nicht nur in der nearktischen Region vorkommt. Sie ist auch auf der Südhemisphäre, im Caplande, durch eine Art, *A. Kraussii* Gr., vertreten. Ich besitze diese durch die Freundlichkeit von Prof. Dr. H. Schinz.

Dass einige der ausgesprochen zur Süsswasserfauna gehörigen Gattungen, wie *Nephelis* Sav. und *Clepsine* Sav. eine fast universelle Verbreitung haben, kann nach dem, was wir von den zoogeographischen Verhältnissen der Süsswasserfauna im allgemeinen wissen, nicht auffallen. Ueberhaupt ist bei der zoogeographischen Beurtheilung der landbewohnenden Planarien und Hirudineen stets im Auge zu behalten, dass diese Thiere den Formen des süssen Wassers und der marinen Litoralfauna morphologisch noch sehr nahe stehen und wohl theilweise noch an deren zoogeographischen Eigenschaften participiren.

---

[1] *Whitman*, The leeches of Japan, in: Journ. of the R. Microscop. Soc. of London 1886, p. 323.

[2] *Grube*, Landblutegel aus Süd-Australien, in: Jahresber. der Schles. Ges. f. vaterl. Cultur, 1865, p. 66.

[3] *Grube*, Beschreibungen einiger Egelarten, in: Arch. f. Naturgesch. 1871, p. 101.

Peripatus.

Zwischen die Anneliden und die Arthropoden schiebt sich als Bindeglied eine eigenthümliche terrestrische Thierform ein, die systematisch vollkommen isolirt dasteht und daher seit ihrer Entdeckung die Zoologen vielfach beschäftigt hat, nämlich *Peripatus* Guild. Seit Guilding im Jahre 1826 die ersten Peripatus von den kleinen Antillen beschrieb, sind in den verschiedensten tropischen und notialen Gebieten weitere Vertreter dieser auffallenden Thierform aufgefunden worden, und dank der Sorgfalt, mit der sie studirt worden sind, kennen wir gegenwärtig ihre Verbreitung und Lebensweise ziemlich genau. In Bezug auf ihren Aufenthaltsort ist zu bemerken, dass Peripatus so ziemlich an denselben Orten lebt, wo auch die Landplanarien, die Myriopoden und die tropischen Nachtschnecken sich aufzuhalten pflegen, also unter faulendem Laub, unter der Rinde faulender Stämme, unter Steinen, in Felsspalten.

Die Fundorte, von denen bis jetzt Peripatus-Arten bekannt sind, sind nach Sedgwick[1]) folgende:

Südafrika: Tafelberg und andere Localitäten der Capcolonie.

Australien: Queensland, Neu-Seeland.

Festland von Central- und Süd-Amerika: Nicaragua, Venezuela (verschiedene Stellen), Quito (Ecuador), Demerara, Surinam, Cayenne, Santarem, Mündungsgebiet des Amazonenstromes, Chile, Perú.

Westindische Inseln: Cuba, Portorico, Jamaica, Dominica, St. Thomas, St. Vincent, Trinidad.

Wir haben also hier eine Verbreitung, welche die neotropische, und Theile der äthiopischen und australischen Region umfasst und die sich möglicherweise auch auf die orientalische Region (Sumatra) erstreckt.

Crustaceen.

Innerhalb dieser so äusserst reichhaltigen und geologisch sehr alten Gruppe der Gliederthiere hat sich nur eine beschänkte Anzahl von Gattungen für den ausschliesslichen Aufenthalt auf dem Lande umgebildet, nämlich die den isopoden Krebsen zugehörigen Landasseln. Sie eignen sich für zoogeographische Zwecke gut, da sie schlechte Wanderer sind, deren passive Verschleppung durch den Menschen sich auf wenige, ziemlich klare Fälle beschränkt. Sie besitzen ferner eine Anzahl nicht zu umfangreicher und leidlich gut characterisirter Gattungen, deren faunistische Kenntniss neuerer Zeit durch die Arbeiten von Budde-Lund[2]) auf einen hohen Grad gebracht worden ist, obwohl dem exotischen Sammler immer noch viel zu thun

---

[1]) *A. Sedgwick*, A Monograph of the species and distribution of Peripatus, in: Studies from the Morphol. Labor. in the Univ. of Cambridge. London 1888, p. 208.

[2]) *G. Budde-Lund*, Crustacea Isopoda terrestria, Hauniae 1885.

bleibt, wie die Ergebnisse der Reise von E. Simon nach Venezuela[1]) und von Ch. Alluaud[2]) nach Westafrika (Assinie) beweisen. Wir wählen als Beispiele bloss einige besonders characteristische Gattungen.

Dazu gehört *Armadillo* Latr., eine Gattung, die in circa 40 Arten bekannt ist. Diese vertheilen sich auf Europa, auf die Inseln und Küsten des Stillen Oceans (Neu-Holland, Neu-Seeland, Sámoa, Oahu, Upolu), auf die asiatischen Inseln (Nicobaren), ferner auf das insulare und continentale Ost- und Südafrika (Seychellen, Ostafrika, Capland) und endlich auf Amerika (Brasilien, Venezuela, Antillen, Florida). — Dagegen fehlt bis jetzt im Areal von Armadillo das continentale Asien mit Ausnahme seiner Mittelmeerländer und der grösste Theil von Afrika.

Bei der Gattung *Oniscus* aut. kommt eine nicht minder bemerkenswerthe Anordnung der Areale vor. So umfasst das Verbreitungsgebiet des Subgen. *Philoscia* Latr., deren mitteleuropäische Species *Ph. muscorum* Scop. ja zu den häufigsten Asseln unserer Wälder gehört, ausser dem paläarktischen (Mittel- und Südeuropa, Nordafrika, Aegypten) und nearktischen Gebiet auch einige Bezirke der südlichen Hemisphäre (Brasilien, Venezuela, Cap der Guten Hoffnung, Madagaskar, Sansibar und Upolu in der Sámoa-Gruppe). Ebenso finden sich die Arten der Untergattung *Alloniscus* Dana auf einigen Punkten sowohl der Nord- als der Südhemisphäre (Californien, Venezuela, Oahu, Nicobaren, Amboina, Madagaskar) zerstreut.

Noch deutlicher wird diese Anordnung bei *Ligia* Fabr., deren Arten sich allerdings streng an die Meeresküsten halten und daher eher der litoralen als der Landfauna zuzurechnen sind, um so mehr als sie, wie ich mich bei *Ligia oceanica* L. an der Küste von Biarritz überzeugte, die Berührung mit dem Meereswasser keineswegs scheuen, sondern sich mit Vorliebe in der nassen, von der Brandung und dem Fluthwechsel occupirten Zone aufhalten. Die nicht cosmopolitischen Arten von Ligia vertheilen sich einerseits auf die Atlantischen und mediterranen Küsten von Europa, von Ostasien (Nicobaren), auf die Pacifische Küste von Nordamerika, von Californien bis Unalashka und anderseits auf die Küsten von Südafrika (Tafelbai) und Chile (Valparaiso). Zwei Arten (*L. filicornis B.-L.* und *L. Olfersii* Brandt) sind von E. Simon auch an den Küsten von Venezuela gesammelt worden.

Eine ähnliche Verbreitung zeigt auch *Tylos* Latr., eine systematisch etwas isolirte Gattung, deren wenige Arten auf die Küstenländer des europäischen Mittelmeeres, die nikobarischen, philippinischen und westindischen Inseln (Key West) einerseits und auf die Umgebung des Caps der Guten Hoffnung anderseits beschränkt sind.

---

[1]) *A. Dollfus*, Voyage de M. E. Simon au Venezuela, Isopodes terrestres, in: Ann. Soc. ent. de France vol. LXII 1893, p. 339 und ff.

[2]) *A. Dollfus*, Voyage de M. Ch. Alluaud dans le territoire d'Assinie Crust. Isop. terr., in: Ann. Soc. ent. de France. vol. LXI 1892, p. 385 und ff.

Was die cosmopolitischen Arten der Landasseln anbelangt, deren Verbreitung fast mit Sicherheit auf den Einfluss des Schiffs- und Waarenverkehrs zurückzuführen ist, so sind hier folgende zu nennen:

Armadillo murinus Br. -- Cosmopolitisch in der Tropenzone von Polynesien, Indonesien, Westindien und Südamerika.

Armadillidium vulgare Latr. -- Ganz Europa und im benachbarten Asien und Afrika. Verschleppt nach Madeira, New York, Montevideo, Melbourne.

Porcellio scaber Latr. — Ganz Europa, dann mehrere Punkte des östlichen und westlichen Nordamerika, Tierra fria von Mexico und Guatemala, St. Pauls-Insel, Ascension, Kamtschatka, Capland.

Porcellio laevis Latr. — Die am weitesten verbreitete Assel. Sie findet sich in ganz Europa, Madeira, Tenerife, auf vielen Antillen und dem Festland von Südamerika (Mexico, Lima, Rio de Janeiro, Montevideo, Valparaiso) und auf einigen Polynesischen Inseln, Oahu etc.

Metoponorthus pruinosus Brandt. — Europa, Nordafrika, Hafenplätze von Nord- und Südamerika, Sumatra, Ascension, Madagaskar, Luzon.

Die Landasseln stellen einen wohl characterisirten Thiertypus dar, der sich in einigen Gattungen *(Porcellio, Oniscus)* an Hand der Bernstein-Einschlüsse wenigstens bis in das Oligocän zurückverfolgen lässt.[1]

Milben.

Die Unterordnung der Acariden bildet eine kleine Gruppe von Familien, welche in systematischer Hinsicht in ziemlich lockerem Verwandtschaftsverhältniss zu einander stehen und sich offenbar schon sehr lange divergent entwickelt haben. In Bezug auf ihre äussere Decke bieten die einzelnen Familien die denkbar grössten Verschiedenheiten von sehr harten, spröden und widerstandsfähigen Panzern (Imagines der Oribatiden), lederig zähen und dehnbaren Hartgebilden (Ixodidae, Gamasidae) und von extremer Zartheit dar. Einige der kleinsten Formen (*Linopodes, Scyphius* etc.) sind so gebrechlich, dass es nur schwierig gelingt, sie unversehrt auf den Objectträger zu bringen und dass sie fast nur im lebenden Zustand ordentlich zu untersuchen sind.

Nicht geringer sind die Unterschiede, welche sie hinsichtlich ihrer Migrationsfähigkeit aufzuweisen haben. Einige ständig parasitische Formen, wie die vögelbewohnenden Dermaleichiden, sind in Folge ihrer Lebensweise geeignet, als passive Wanderer ausserordentlich grosse Distanzen zurückzulegen und einige ihrer Gattungen haben daher eine fast cosmopolitische Verbreitung. Andere wiederum sind nur im erwachsenen Zustand freilebend und schmarotzen, wie die Trombidien und Gamasiden und einige Wassermilben, in den Jugendständen an Insecten, sie sind daher, falls

---

[1] *Berendt,* Die im Bernstein befindlichen Reste der Vorwelt, 1845. Vol. I, 2 p. 9 u. ff.

ihre Wirthe gute Flieger sind, ebenfalls zu ausgiebiger passiver Wanderung befähigt. Auf diese Weise können die Larven der Hydrachniden weit verschleppt werden, indem ihre Wirthe (Nepa, Ranatra, in den Tropen Belostoma etc.) Nachts die Wassertümpel verlassen und auf dem Lande umherschwärmen. Ebenso wandern die Larven einiger Trombididen mit ihren Wirthen, die zum Theil, wie die Schmetterlinge, Libellen und Heuschrecken, ein grosses Flugvermögen besitzen. Viele Gamasiden leben theils beständig, theils in den Jugendformen auf Insecten, welche, wie Hummeln und lamellicorne Käfer, gute Flieger sind. Die Gattung *Uropoda* ist dabei durch ein besonderes Haftvermögen vor dem Herabfallen geschützt. Mit den Fledermäusen wandern die *Pteroptus*-Arten. Eine der mikroskopischen Sarcoptiden-Gattungen, *Tyroglyphus* Latr. ist in doppelter Weise zu passiver Wanderung befähigt, nämlich durch den seltsamen, durch Häutung erfolgenden Wechsel der Form von der freilebenden *Tyroglyphus*-Form zu der an Insecten festgehefteten *Hypopus*-Form, die keine Nahrung aufnimmt, und umgekehrt wieder von *Hypopus* in *Tyroglyphus* zurück. Obwohl der causale Zusammenhang dieses merkwürdigen Dimorphismus noch nicht völlig aufgeklärt ist, so ist doch soviel sicher, dass das resistentere *Hypopus*-Stadium erstlich die Art vor dem Tode durch Austrocknen wirksam schützt und dass sie ferner zu ihrer Verbreitung durch die Insecten, an welche *Hypopus* sich anheftet (Fliegen, Käfer, Hummeln), sehr viel beiträgt.

Infolge der erstaunlichen Mannigfaltigkeit der biologischen Verhältnisse, durch welche die Milben nicht nur die übrigen Arachnoiden, sondern auch die übrigen terrestrischen Arthropoden weit übertreffen, hat auch die Correlation der Form des Körpers mit der mechanischen Leistung zu einer weitgetriebenen Differenzirung der Gestalt des Gesammtleibes und seiner Theile geführt. Ein grösserer Gegensatz innerhalb einer Gruppe monophyletischen Ursprunges, als der zwischen den langgestreckten winzigen Haarsackmilben *(Demodex folliculorum)* und Phytopten mit ihren atrophischen und auch numerisch anomalen Extremitäten und anderseits den gedrungenen, hartschaligen und reichsculpturirten Formen der Oribatiden ist kaum denkbar.

Eine weitere Ursache starker Differenzirung bildete die Gewinnung schützender Apparate. Dahin gehören die starken Klappenmechanismen einiger Oribatiden, durch deren Schluss sie alle exponirten Körpertheile schützen können, ferner das dichte Haarkleid vieler Trombidien, welches durch seine physikalische Wirkung — Abhaltung von Wasser — die Thiere vor raschem Ertrinken schützt, die schildförmige, extrem abgeplattete Form mancher Uropoden, welche einen engen Anschluss an den Körper des Wirthtieres erlaubt und sie daher vor dem Abgestreiftwerden bewahrt, endlich die ausserordentlich dehnbare Körperhaut der Weibchen der Ixodiden, welche das vollgesogene Thier in einen unförmlichen Blutsack umwandelt, an dem Mundtheile und Beine nur noch als unbedeutende Anhängsel erscheinen.

Das Studium der geographischen Verbreitung in aussereuropäischen Ländern musste daher gerade bei dieser an und für sich unscheinbaren Gruppe ein besonderes Interesse darbieten. Dieser Umstand veranlasste mich, während mehrerer Jahre in Guatemala den Milben meine specielle Aufmerksamkeit zuzuwenden, trotzdem dies bei der verderblichen Wirkung, welche das feuchte Klima der Tierra caliente auf die Mikroskope ausübt und bei der unsteten Lebensweise eines Tropenarztes nur mit grossen Schwierigkeiten durchzuführen war. Ich habe die Formen, die ich in Guatemala auffand, in einer besonderen Monographie[1]) beschrieben und in deren Einleitung einige zoogeographische Verhältnisse erörtert, weshalb ich mich hier kurz fassen kann.

Es zeigte sich das unerwartete Resultat, dass die Acaridenfauna von Centralamerika in ihrer Zusammensetzung nur den Arten nach von der mitteleuropäischen wesentlich abweicht, während die generischen Typen, in einigen wenigen Fällen sogar die Species, dieselben sind. Eine für Centralamerika eigenthümliche Gattung war weder von mir, noch von den andern Herren, deren Material mir zur Bearbeitung vorlag, aufgefunden worden. Die einzige dort vorkommende Gattung, welche bis jetzt nur aus den Tropen bekannt war, ist die Gamasiden-Gattung *Megisthanus* Thor., aber sie ist keineswegs auf Centralamerika beschränkt, sondern sie bildet eines der schönsten Beispiele eines ringförmigen Schlusses der Verbreitungszone durch alle Tropengebiete, wie ich im zweiten Theile dieser Arbeit zeigen werde.

Die Areale der bis jetzt aus nicht-europäischen Ländern bekannten Milben-Genera unterscheiden sich ganz wesentlich von den Sclater-Wallace'schen Regionen, sie fallen in keinem Falle deutlich damit zusammen, sondern wir können nach dem gegenwärtigen, allerdings bezüglich der Tropen noch ausserordentlich lückenhaften Stande unserer Kenntnisse bloss zwei zoogeographische Gruppen von Milbengattungen unterscheiden:

1) Solche, die auf die intertropischen Gebiete beschränkt sind, wie *Megisthanus* Thor.

2) Solche, die indifferent extra- und intratropische Gebiete bewohnen. Von diesen seien die folgenden genannt:

Trombidium Latr.: Europa, Sibirien, ganz Afrika, Nord-, Central- und Süd-Amerika, Kerguelen-Insel.

Rhyncholophus Dugès: Europa, Sibirien, Novaja-Semlja, Japan, Nord-, Central- und Süd-Amerika.

Linopodes C. Koch: Europa, Central- und Südamerika.

Actineda C. Koch: Europa, Sibirien, Japan, Central- und Südamerika.

Tetranychus Duf.: Europa, Sibirien, Novaja-Semlja, Nordamerika, Mexico, Centralamerika.

[1]) *Stoll*, Arachnida, order Acarides, in: Biologia Centrali-Americana, Lond. 1886—92.

Scyphius C. Koch: Europa, Nordsibirien, Japan, Guatemala.
Bdella Latr.: Europa, Nordsibirien, Novaja-Semlja, Japan, Nordamerika, Guatemala, Brasilien, Paraguay.
Ixodes C. Koch: Europa, Nordsibirien, Nordamerika, Guatemala, Südamerika.
Argas Latr.: Europa, Persien, Südwest-Afrika, Nordamerika, Mexico, Guatemala.
Haemaphysalis C. Koch: Westindien, Brasilien, Neu-Guinea.
Oribata Latr.: Europa, Nordsibirien, Novaja-Semlja, Algier, Guatemala, Brasilien, Paraguay.
Hoplophora C. Koch: Europa, Nordamerika, Guatemala, Brasilien.
Nicoletiella R. Can.: Europa, Guatemala.
Uropoda Latr.: Europa, Nordamerika, Guatemala, Brasilien, Paraguay.

Es ist nützlich, hervorzuheben, dass es sich bei diesen über so weit von einander entfernte Erdräume vertheilten Fundorten um verschiedene Arten in wohl characterisirten, prägnanten Gattungen handelt.

In einem Falle, nämlich bei der morphologisch sehr auffallenden Gattung *Actineda* C. Koch, welche in Europa, Nordsibirien, Central- und Südamerika vorkommt, haben weder Berlese bei den südamerikanischen, noch ich bei den centralamerikanischen Stücken gute specifische Unterschiede von der europäischen *A. baccarum* L. finden können und doch ist gerade bei dieser Form an eine Verschleppung kaum zu denken.

Die durchschnittliche Zartheit und Gebrechlichkeit der Acaridenformen setzt ihrer Erhaltung in fossilem Zustande grosse Schwierigkeiten entgegen. Indessen sind doch wenigstens aus dem baltischen Bernstein eine Anzahl von Typen bekannt geworden [1]) (*Oribata*, *Bdella*, *Trombidium*, *Rhyncholophus*, *Tetranychus*, *Actineda* etc.), welche darthun, dass die Bildung dieser morphologisch so wohl umgrenzten Formen mindestens bis in das frühe Tertiär zurückreicht.

Die Acariden bilden in vielen ihrer Gattungen eine thermisch sehr indifferente Gruppe. Dieselbe Gattung *Oribata*, welche in ein paar Arten in den feuchtheissen Wäldern des nordwestlichen Guatemala auftritt, erreicht in andern Arten nach Norden hin Breiten von 72° 40'. Sie geht anderseits auch hoch in's Gebirge, ich fand sie zusammen mit *Erythraeus*, *Rhyncholophus* und kleinen Gamasiden noch unter Steinen auf dem Grossen St. Bernhard (2470 m).

Die ächten Spinnen.

Die Araneinen der aussereuropäischen Länder sind, namentlich in ihren kleinsten und weniger augenfälligen Formen noch nicht so genau bekannt, wie es für ihre zoogeographische Würdigung wünschenswerth und nothwendig wäre. Indessen hält es doch nicht schwer, eine Anzahl von

---
[1]) *Berendt*, Die im Bernstein befindlichen Reste der Vorwelt I p. 103.

gut characterisirten Gattungen aufzufinden, die eine fast circumterrane Verbreitung besitzen, ohne dass diese auf recente Verschleppung zurückzuführen wäre. Dahin gehören unter den Netzwebern, die in Folge ihrer sesshaften Lebensweise hier am wichtigsten sind, beispielsweise die folgenden:

Nephila Leach. Die Nephilen, von denen ich einige Arten lebend in Centralamerika beobachtet habe, besitzen im erwachsenen Zustande eine geringe Neigung zu activer Wanderung. Sie weben ihre grossen, ausserordentlich starkfädigen Radnetze, in deren Centrum sie nach Art unserer Kreuzspinnen unbeweglich auf Beute lauern, wochenlang auf einem und demselben Busche des Urwaldes. Trotzdem sind Nephila-Arten vorhanden auf den Salomons-Inseln, Neu-Guinea, Neu-Seeland, den Philippinen, China, Hinterindien, Indien, Ceylon, Mauritius, Réunion, Madagaskar, im tropischen Afrika, auf den westindischen Inseln, im Süden der Vereinigten Staaten, in Central- und Süd-Amerika.

Argiope Sav. Während Nephila nur noch das subtropische Gebiet erreicht, haben sich ein paar Vertreter der schönen Gattung Argiope noch in den gemässigten Theilen der Erde erhalten. Eine einzige aber (*A. Bruennichi* Scop.) findet sich noch nordwärts von unsern Alpen. Ich fand sie, als ausnehmende Seltenheit, am Höcklerwalde bei Zürich, Lebert giebt sie, in einem unreifen Stücke, von Bremgarten an. Südlich von den Alpen, schon im Tessin, ist sie häufig. Noch schöner und dabei biologisch interessanter sind die silberglänzenden Argiope-Arten der Tropen.[1]) Sie leben in gleicher Weise auf Celebes, den Philippinen und Réunion, wie im südlichen und südwestlichen Afrika, Central- und Süd-Amerika.

Gasteracantha Latr. Gasteracanthen finden sich in zahlreichen Arten in allen tropischen Ländern sowohl im tiefen, schattigen Walde, als an Hecken und auf offener Savanne. Diese alte Latreille'sche Gattung ist von neuern Autoren (E. Simon, Butler) in mehrere Subgenera aufgelöst worden, deren Angehörige aber immerhin in ihrer Leibesbeschaffenheit ihren engen phylogenetischen Zusammenhang deutlich erkennen lassen. Aber selbst wenn wir uns auf das Subgenus *Gasteracantha* E. Sim. beschränken, so constatiren wir eine ausserordentlich weite Verbreitung dieser so bizarren und bunten Bewohner der Tropen. Ihre Arten finden sich nämlich in China, Madagaskar, in Südafrika, im tropischen Afrika,

---

[1]) *A. argentata* C. Koch, die ich in der Sierra del Mico (Ost-Guatemala) beobachtete, hatte im Centrum ihres Netzes ein Kreuz aus einer dreitheiligen Grasrispe befestigt und hielt sich nun hinter derselben in der Weise verborgen, dass je zwei ihrer Beine hinter einem der vier Aeste des Graskreuzes ausgestreckt waren, während der Leib, von vorn fast unsichtbar, auf der Mitte des Kreuzes ruhte. Ich hielt dies erst für Zufall, bis ich eine Reihe solcher Argiope-Netze, jedes mit einem Rispenkreuz derselben Grasart und der dahinter versteckten Spinne auffand, die unter dieser unverfänglich aussehenden Deckung auf Beute lauerte.

im tropischen Amerika (Brasilien, Cayenne, Chile etc.), in Australien, Neu-Guinea und auf den Philippinen.

Einen nicht weniger auffallenden und gut markirten Typus bildet die ebenfalls wie Nephila, Argiope und Gasteracantha den Orbitelarien zugehörige Gattung *Tetragnatha* Latr., von der eine Art (*T. extensa* L.) auch bei uns vorkommt und überhaupt ganz Europa bis nach Schweden hinauf bewohnt. Ausserhalb des paläarktischen Gebietes kommen andere Tetragnatha-Arten vor in Indien, Hinterindien, Formosa, den Philippinen und Molukken, Celebes, Australien, Neu-Guinea, den Marianen, auf Réunion, in Westindien und in Nordamerika.

Von der schönen Gattung *Argyrodes* E. Sim., die zuerst nur von Réunion bekannt war, sind nach und nach andere Arten in Syrien, Ostindien und Ceylon, in Madagaskar und Südafrika, auf den Samoa-Inseln, Neu-Seeland, in Amboina und in Südamerika bekannt geworden. Ganz ähnlich mögen noch bei manchen andern Spinnen-Gattungen sich allmälig unsere chorographischen Kenntnisse erweitern. Ist ja doch auch die Gattung *Walckenaera* Blackw., deren Arten zu den kleinsten ächten Spinnen gehören und schon lange aus der paläarktischen und nearktischen Region bekannt waren, in einer neuen Art (*W. cristata*) durch O. P. Cambridge aus Neu-Seeland bekannt gemacht worden. Der englische Arachnologe hebt dabei ausdrücklich die geringe Wahrscheinlichkeit einer Verschleppung aus den borealen Faunengebieten hervor.[1]

Auch die Fälle stark disjungirter Gattungs-Areale fehlen bei den Araneinen nicht. Ich erwähne davon bloss die Gattung *Arcys* Walck., welche in Brasilien und Chile einerseits und in Neu-Holland anderseits Arten besitzt.[2] Der französische Arachnologe E. Simon war erstaunt, als er auf den Philippinen zwei Arten der Gattung *Accola* (Fam. Aviculariidae) entdeckte, von der er 1888 drei Arten in den Wäldern von Venezuela gesammelt hatte.[3] Die fünf bekannten Arten der Gattung *Cryptothele* E. Sim. vertheilen sich auf Viti und Samoa, die Marianen, Neu-Guinea, Ceylon, Mexico.[4]

Die horizontale und die verticale Verbreitung der ächten Spinnen als Gruppe sind sehr erheblich. Eine Reihe von Gattungen, wie *Linyphia*, *Erigone*, *Theridium*, *Prata* gehen nordwärts bis zum 70° und erreichen anderseits nach Süden hin die subtropischen Gebiete. Auch im Gebirge gehen sie hoch hinauf. Ich sammelte im vergangenen Sommer auf der

---

[1] *Cambridge*, On some new and rare Spiders from New Zealand, in: Proc. Zool. Soc. 1879.

[2] *Thorell*, On European spiders 1869-1870 p. 172.

[3] *E. Simon*, Arachnides des îles Philippines, in: Ann. Soc. ent. de France, Vol. LXI 1892, p. 85.

[4] *E. Simon*, Arachnides recueillis aux îles Mariannes par M. A. Marche, in: Ann. soc. ent. de France 1890, p. 131.

Melchsee-Alp mehrere Arten *(Lycosa, Xysticus, Theridion, Erigone, Epeira)* in zahlreichen Exemplaren noch bis 2200 m und sogar *Epeira diadematu* Clerck überschreitet hier die Baumgrenze ganz bedeutend. Heer constatirte seiner Zeit das Vorkommen von *Lycosa* bis zu 3000 m und das von *Erigone* (= *Micryphantes* C. Koch) bis zu 2500 m. Bei meiner Besteigung des Vulcan de Agua sammelte ich Spinnen unter Steinen und Baumrinde noch auf den Randwällen des Kraters (3750 m) in einer Höhe, wo während eines beträchtlichen Theiles des Jahres die Temperatur allnächtlich unter den Gefrierpunkt sinkt und wo es selbst zu gelegentlichem Schneefall kommt.

Die Verbreitungsareale der einzelnen Arten sind durchschnittlich gross und der Unterschied zwischen der mittel- und nordeuropäischen Fauna und der mediterranen Fauna andererseits ist bei dieser Gruppe geringer, als z. B. bei den Schmetterlingen oder gar bei den Landmollusken. Andererseits kommen bei sehr auffallenden Typen unter den Araneinen auch wieder Fälle starker Localisation vor, so ist z. B. die merkwürdige, zweiäugige Drassiden-Gattung *Nops* Mc Leay bloss in Cuba, Venezuela und auf der Atlantischen Seite von Guatemala gefunden worden, wo ich sie selbst aus der Umgegend von Coban gesehen habe.

Für einige der oben genannten Gattungen ist auch ein hohes geologisches Alter erwiesen. So sind *Nephila* und *Tetragnatha* aus dem amerikanischen Tertiär, und *Epeira*, *Lycosa*, *Theridion*, *Walckenaera* und andere Typen aus dem baltischen Bernstein bekannt.

Die nach Abzug der Milben und ächten Spinnen noch übrigbleibenden Arachnoiden zerfallen in mehrere kleinere Gruppen, die sich morphologisch schon ausserordentlich weit von einander entfernt und zu besondern, gut characterisirten Typen entwickelt haben. Es gehören dahin die Phalangiden, die Pedipalpen, die ächten Scorpione, die Chernetiden und die Solifugen. Mit Ausnahme der Phalangiden im engern Sinne (Opiliones Palpatores) und der Chernetiden gehören diese Gruppen ausschliesslich den wärmern Himmelsstrichen an und erreichen gegenwärtig erst in den Tropen ihre reichste Entfaltung.

Die Phalangiden-Familie der Gonyleptiden, (Opiliones Laniatores) die zwischen den Wendekreisen unsere Weberknechte vertritt, umfasst eine Anzahl von Gattungen, die sämmtlich aus der alten Gattung *Gonyleptes* Kirb. abgetrennt worden sind und die unter sich noch sehr nahe verwandt sind. Sie bewohnen durchgängig die Tropen aller Erdräume, so dass von ihnen nichts weiter zu bemerken ist. Es sind nächtliche, träge Thiere, die tagüber unter Rinde, faulem Holz und Steinen wohnen und deren bester Zug eine Art von Brutpflege bildet, indem die jungen Thiere, nachdem sie das Ei verlassen haben, noch eine Zeit lang sich um die Mutter schaaren, wie ich an den centralamerikanischen Arten oft beobachtete.

Von besonderem Interesse ist die merkwürdige Gattung *Cryptostemma* Guér., die einen besondern Gruppentypus (Ricinulei) der Opilioniden repräsentirt und in einer einzigen Art von zwei ganz verschiedenen Fundstellen, nämlich vom Amazonen-Strom und vom Kribi-Flusse in Westafrika bekannt ist. (*Cryptostemma westermanni* Guér. = *Cryptocellus foedus* Westw.)[1])

Einen scharf ausgeprägten Typus bildet auch die alte Gattung *Galeodes* Ol., die von E. Simon ebenfalls in eine Reihe von Gattungen zerfällt worden ist. Ihre Arten treten in allen tropischen und subtropischen Gebieten auf, und zwar im Gegensatz zu den *Gonyleptiden* als flinke, rasch laufende Jäger, welche Nachts selbst die menschlichen Wohnungen auf animalische Beute absuchen. Ihre Verbreitung ist, wie die der Scorpione, eine so grosse, zusammenhängende und in ihrer Grundursache (hohes geologisches Alter) so durchaus klare, dass sie, so wenig als die ächten Scorpione, hier weitere Beachtung beanspruchen.

Etwas anders liegt dagegen die Sache bei den Pedipalpen, deren beide so äusserst auffallende und wohl characterisirte Gattungen *Phrynus* Oliv. und *Thelyphonus* Latr. exquisit tropische Formen sind. Beide habe ich in Mittelamerika lebend beobachtet. es sind nächtliche, versteckt lebende Jäger mit sehr geringer Neigung zu Ortsveränderung. Um so auffallender ist es daher, wenn wir sowohl *Phrynus* als *Thelyphonus* in den Tropen, der alten sowohl als der neuen Welt auftreten sehen und zwar ist letztere Gattung in ihrer Verbreitung noch beschränkter als *Phrynus:* sie kommt in einigen Arten in Mexico, Centralamerika und den Antillen, in andern wiederum auf den grossen Sunda-Inseln und den Philippinen vor. Phrynus-Arten dagegen finden sich in Amerika von Mexico über Centralamerika und Guyana bis nach Brasilien hinab, ferner auf den Seychellen, in Bengalen, Ceylon, den Sunda-Inseln und auf den Philippinen.

Phrynus und *Thelyphonus* sind zweifellos sehr alte Formen, erstere wird aus dem Tertiär von Aix angegeben, während ein stark an Thelyphonus erinnernder, aber generisch davon verschiedener Typus (*Geralinura* Scudd.) bereits aus der Steinkohle bekannt ist.

Die Chernetiden (Pseudoscorpione) der aussereuropäischen Faunen sind noch zu ungleichmässig bekannt, als dass sich ein vollständiger Einblick in ihre Verbreitung bereits gewinnen liesse. Immerhin zeigt es sich auch hier, dass neben Gattungen mit strengerer Localisation, wie das auf Südamerika beschränkte genus *Olpium* L. Koch auch solche mit universaler Verbreitung sich finden, wie *Chelifer* Geoffr. Besonders erwähnenswerth ist aber der Umstand, dass die systematisch näher zusammengehörigen Arten, für welche die neuern Autoren besondere Untergattungen

---

[1] F. Karsch. Ueber Cryptostemma Guér. als einzigen recenten Ausläufer der fossilen Arachnoideenordnung der Meridogastra. in: Berlin. ent. Zeitsch. 1893. p. 25.

und Gruppen aufgestellt haben, sich keineswegs nach geographischen Provinzen gruppiren, sondern sich über mehrere Regionen vertheilen. So lebt von den zwei bekannten Arten des Subgen. *Ideobisium* Balz. die eine in Venezuela, die andere in Neu-Caledonien, und ähnliches wiederholt sich auch bei anderen Untergruppen.[1])

Myriopoden.

Die eine der beiden grossen Gruppen der Tausendfüsser, die Chilognathen, bietet für unsern Zweck ein besonderes Interesse, weil sie eine Anzahl von Gattungen umfasst, welche in ihrer Leibesgestalt sehr auffallende, fest characterisirte Typen abgeben, die sich zudem durch nächtliche Lebensweise und äusserst geringe Beweglichkeit auszeichnen. Ihr Auftreten an sehr weit von einander entfernten Punkten verschiedener zoogeographischer Regionen fällt daher doppelt ins Gewicht. Ich beschränke mich hier auf Nennung der folgenden Gattungen:

Polyxenus Latr. Diese kleine und systematisch isolirt stehende Gattung ist bis jetzt in ihrem classischen Vertreter (*P. lagurus* L.) in weiter Verbreitung durch das paläarktische Faunengebiet bis nach Schweden hinauf bekannt geworden. Zwei weitere Arten (*P. platycephalus* und *rubromarginatus*) wurden von Lucas aus Algerien beschrieben. Thomas Say hat seiner Zeit eine vierte Art (*P. fasciculatus*) aus dem Süden von Nordamerika bekannt gemacht und A. Humbert constatirte das Vorkommen der Gattung für die Fauna von Ceylon. Neuerdings hat Pocock eine Polyxenusart von Mustique Island und St. Vincent in Westindien bekannt gemacht (*P. longisetis*).[2]) Endlich habe ich selbst eine neue, dem europäischen *P. lagurus* nahestehende Art in den tropischen Tiefland-Wäldern des nordwestlichen Guatemala aufgefunden, wo sie am Boden unter gefallenen Blättern und in den Schalen verfaulter Früchte lebt. Da es sich bei Polyxenus um sehr kleine, zarte und versteckt lebende Thiere handelt, so steht die Entdeckung noch weiterer Arten bei gehöriger Durchforschung der aussereuropäischen Faunen zu erwarten. Im ausser-paläarktischen Afrika ist *Polyxenus* noch nicht nachgewiesen worden, dagegen hat kürzlich C. F. Cook[3]) eine neue, mit *Polyxenus* verwandte, einstweilen monotypische Diplopoden-Gattung, *Sarozenus*, aus Afrika bekannt gemacht (S. scandens).

Siphonophora Brdt. Diese merkwürdige Myriopodenform ist bis jetzt nur in wenigen Arten bekannt aus den Anden Columbiens und Venezuelas,

---

[1]) *L. Balzan*, Voyage de M. E. Simon au Venezuela. Arachnides. Chernetes (Pseudoscorpiones) in: Ann. soc. ent. de France. vol. LX 1891.
[2]) *Pocock*, Contributions to our knowledge of the Arthropod Fauna of the West-Indies, in: Journ. Linn. Soc. Zool. vol. XXIV p. 474.
[3]) *Cook, C. F.*, A new African Diplopod related to Polyxenus, in: Amer. Natur. vol. 30 p. 593 und ff. 1896.

aus Mexico und Guatemala, aus Westindien (Puertorico, Cuba), aus Ceylon, Madagaskar und von Luzon.[1]) Trotzdem sie demnach auf die intratropischen Gebiete beschränkt erscheint, so ist doch, wenigstens für *S. mexicana*, die allein ich lebend gesehen habe, hervorzuheben, dass sie dem Gebirge angehört und dass sie eine sehr ausgedehnte Verticalverbreitung besitzt. Ich habe sie in den Gebirgen des westlichen Guatemala von circa 800 m bis auf die Spitze des Volcan de Agua (3750 m) verfolgt, wo sie unter der Rinde der abgestorbenen Fichten, die in dieser Höhe noch vereinzelt vorkommen, in zahlreichen Exemplaren lebt. Und doch sank in der Nacht, die ich im Krater zubrachte, die Temperatur auf —2° C. Anderseits leben Siphonophoren auch in tropisch heissen Gegenden, wie in den Wäldern bei Tamatave. Dieses Verhalten, das auf eine grosse thermische Indifferenz schliessen lässt, ist insofern von Bedeutung, als es einen Fingerzeig dafür abgiebt, dass die heutige, auf die intratropischen Gebiete beschränkte Verbreitung dieser Gattung nicht, oder wenigstens nicht ausschliesslich, auf ein Zurückweichen vor den allmälig in niedere Breiten vorrückenden Kältegürteln zurückzuführen ist. Diese thermische Indifferenz scheint überhaupt eine unter den Myriopoden weitverbreitete Eigenschaft zu sein, denn auch die Chilognathen-Gattung *Platydesmus* Luc., welche indessen auf das tropische Amerika beschränkt erscheint, habe ich von 1000 m in den westlichen Wäldern bis auf die Meseta des Volcan de Fuego (3660 m) gefunden. Dass auch die Chilopoden-Gattung *Lithobius* L. in der Hitze der tropischen Tiefländer ebenso gut gedeiht, wie auf den Gipfeln der tropischen Hochgebirge, bildet nur eine Wiederholung dessen, was wir auch in kleinerem Massstabe in den Alpen sehen, wo Lithobius-Arten sogar die Schneegrenze noch übersteigen.

Trotz der Vernachlässigung seitens der Sammler und Systematiker, unter der die Kenntniss der exotischen Myriopoden immer noch zu leiden hat, bilden sie eine der merkwürdigsten und gleichzeitig geologisch ältesten Gruppen der Arthropoden, deren Vorfahren weit in die paläozoischen Zeiten hinaufreichen. Unter den vorstehend erwähnten Gattungen tritt uns *Polyxenus* bereits im baltischen Bernstein, also in früher Tertiärzeit, entgegen, ebenso *Lithobius*, während *Siphonophora* fossil noch nicht bekannt ist, obwohl diese exquisite Gattung zweifellos ebenfalls einen sehr alten Typus bildet.

Orthopteren.

In dieser etwas heterogen zusammengesetzten Insectenordnung tritt uns hier zunächst eine kleine Gruppe systematisch isolirter und unter sich stark differenzirter ametaboler Insecten entgegen, die man als *Thysanuren*

---

[1]) *Preudhomme de Borre*, Tentamen Catalogi Lysiopetalidarum, Julidarum, Archijulidarum, Polyzonidarum atque Siphonophoridarum hucusque descriptarum. in: Ann. Soc. Ent. Belg. t. 28. 1884.

bezeichnet.[1]) Ihr Vorkommen in aussereuropäischen Ländern ist noch wenig beachtet, doch ist in dieser Hinsicht bemerkenswerth, dass ich in Guatemala neben andern, den europäischen nahe verwandten Formen (*Cyphoderus* Nic., *Isotoma* Bourl.) eine neue Art einer so prägnanten Gattung, wie *Smynthurus* Latr. auffand, Typen, die sämmtlich schon aus dem baltischen Bernstein bekannt sind. *Smynthurus* wird von Nicolet auch aus Chile und Afrika angegeben und Say beschrieb eine Art aus Georgien.

Hier möge auch die anomale, ebenfalls flügellose Gattung *Japyx* Hal. erwähnt werden, deren circa 10 bekannte Arten sich auf Europa, Nordafrika, die Mittelmeerinseln und die Madeira-Gruppe, Indien, Burma, Nordamerika (Kentucky) und Mexico vertheilen. Eine Erweiterung des Areales durch Entdeckung neuer Arten dieser merkwürdigen, myriopodenähnlichen Insectenform ist für die Zukunft fast mit Sicherheit zu erwarten.

Bei den höher organisirten Formen der *Orthoptera genuina* treten etwas andere Verhältnisse in der Verbreitung auf. Wir treffen neben einer Anzahl artenreicher, fast cosmopolitischer Gattungen, wie *Forficula*, *Conocephalus*, *Xiphidium* etc. eine grosse Anzahl stark differenzirter generischer Typen, welche zum Theil exquisite mimetische und mehr oder weniger streng localisirte Arten umfassen. Von diesen letztern seien bloss Beispiele wie *Gongylus gongylodes* L., *Phyllium crurifolium* Serv. *Tarphe Norae-Hollandiae* de Haan, *Vates orbus* Ill., *Phyllocrania pallida* de Haan, *Hymenopus coronatus* Serv., *Hierodula calida* Hg., *Thamnoscirtus cicindeloides* Sauss., sowie einzelne Arten der Gattungen *Theopompa* und *Pneumora* erwähnt. Auch die zahlreichen Formen der Phasmiden gehören hierher, deren Arten trotz der holotropischen Verbreitung der Familie eine besonders strenge Localisation zeigen, da bei ihnen die migratorischen Fähigkeiten und Neigungen am meisten reducirt erscheinen. Die Arten, die ich in Guatemala lebend beobachtete, hielten sich bei Tage unbeweglich an den Zweigen der *Lantana*-Büsche auf den Bergen von Antigua, und wenn sie durch einen Stoss zu Boden geworfen wurden, bewegten sie ihre langen Gliedmassen so langsam und hülflos, dass ihr Benehmen gegenüber andern beweglichern Heuschrecken seltsam abstach.

Beiläufig sei erwähnt, dass bei den Phasmiden auch gelegentlich noch andere Schutzvorrichtungen, als Form und Färbung, auftreten. So hat *Autolyca pallidicornis* Stål, eine Art, die ich bei Nachtexcursionen mit der Laterne in den Barrancos der Umgebung der Hauptstadt Guatemala in den Frühlingsmonaten in grosser Zahl an den Büschen und am Grase sitzend fand, wie unsere *Meloë*-Arten die Eigenschaft, einen ätzenden, scharfriechenden Saft aus den Gelenkenden austreten zu lassen, der die menschliche Conjunctiva sehr empfindlich reizt. Dass auch die dunkel-

---
[1]) Scudder bringt die Thysanuren, wie die Pseudoneuropteren überhaupt, aus paläontologischen Gründen bei den Neuropteren unter.

braune Farbe nicht zufällig ist, sondern dem nächtlichen, weichhäutigen und flügellosen Thier in der Dunkelheit wirksamern Schutz gewährt, als es die hellere Färbung anderer Phasmiden vermöchte, beweist der Umstand, dass an denselben Localitäten, wo das Thier bei Nacht so häufig ist, bei Tage kaum eine Spur davon zu finden ist, die Mehrzahl der Thiere halten sich bei Tage versteckt und verlegen ihre Thätigkeit auf die Nachtzeit.

Wenn wir berücksichtigen, dass analoge Formen, wie die auffälligsten mimetischen Arten der Jetztzeit, aus früheren Zeiten der Erdgeschichte nicht bekannt sind und dass sie wenigstens in ihren einzelnen Arten relativ enge und zusammenhängende Verbreitungsgebiete besitzen, so sind wir vielleicht zu der Annahme berechtigt, dass es sich dabei um relativ neue Bildungen handelt und dass überhaupt die höhern Orthopteren noch in einem viel höhern Masse plastisch, d. h. zur raschen Herausbildung neuer Typen geeignet geblieben sind, als die Thysanuren. Allerdings hat der Bernstein uns zunächst diejenigen Arthropoden aufbewahrt, welche Bewohner der oligocänen Nadelwaldungen waren, und einen grossen Theil der Bernstein-Typen treffen wir auch heute noch als Bewohner unserer Nadelwälder. Die höhern Familien der Orthopteren, die Mantiden, Phasmiden, Locustiden, Acridier etc. sind aber im Gegentheil Bewohner theils des Laubwaldes, theils der offenen Graslandschaft, und es mag ihr spärliches Vorkommen im Bernstein und im Tertiär überhaupt, zum Theil wenigstens, auf diese biologische Differenz zurückzuführen sein. Auch verdient bemerkt zu werden, dass die an mimetischen Formen so reiche und zu activer Migration schlecht befähigte Gattung *Phyllium* Ill., allerdings in viele Arten aufgelöst, von den Seychellen bis nach Ovalau hinüberreicht, also keinesfalls ganz jung sein kann, und dass die Mantiden und Phasmiden als Familien eine noch weitere Verbreitung zeigen und auch fossil mindestens bis ins frühe Tertiär zurückreichen.

Die heute noch andauernde Plasticität der höhern Orthoptera genuina zeigt sich besonders deutlich in der regressiven Entwicklung, welche bei vielen Gattungen der Flugapparat eingeschlagen hat. Abgesehen davon, dass eine Verkümmerung der Flugorgane bis auf functionell unbrauchbare, lederartige Lappen für einzelne Gattungen typisch geworden ist, kommen bei einzelnen Arten neben normal ungeflügelten, beziehungsweise verkürzt geflügelten Individuen langflüglige Exemplare entweder als ubiquistische Rückschlagsformen oder als Localvarietäten vor, welche den ursprünglichen, geflügelten Typus der betreffenden Arten oder Formenkreise noch repräsentiren und von denen die verkümmert geflügelten Varietäten abzuleiten sind. Ubiquistisch, d. h. überall vereinzelt im Verbreitungsbezirk der Art treten z. B. geflügelte Thiere auf bei *Stenobothrus parallelus* Zett., während solche z. B. bei *Chrysochraon brachypterus* Ocskay (langflüglige

Form auf Alpenwiesen) und *Pezotettix alpinus* Koll. (langflüglige Varietät am Amur) als Localvarietäten auftreten.

Aehnliche Verhältnisse finden sich auch beim Flugapparat einiger Hemipteren.

Um so auffälliger ist bei diesem Character morphologischer Fluidität das Vorkommen einiger generischer Typen auf weit getrennten Punkten. Es seien davon nur folgende Beispiele erwähnt: Die 10 Arten der Conocephaliden-Gattung *Agroecia* Serv. vertheilen sich auf Brasilien, Columbien, Sansibar und Nordaustralien. Die Phaneropteriden-Gattung *Turpilia* Stål, deren Arten hauptsächlich in Westindien (Cuba, Haiti), dann in Mexico und Brasilien leben, ist in einer von Brunner aufgestellten, durch Grösse ausgezeichneten Art *(T. albolineata)* und in einer zweiten von Karsch beschriebenen Species *(T. madagassa)* auch in Madagaskar vertreten. Für Turpilia tritt im tropischen Asien (Bengalen, Rangoon, Assam, Celebes) die Gattung *Isopsera* Brunn. vicarirend auf. Die Gattung *Isophya* Brunn., deren Arten in der europäischen und vorderasiatischen Mediterran-Region leben, kommt in ein paar Arten auch in Südamerika vor (*I. brasiliensis* Brunn. in Entre-Rios und *I. punctinervis* Stål bei Buenos-Aires). *Odontura* Ramb. (Phaneropt.), deren Arten sich in Südeuropa bis in die Schweiz finden, tritt in einer besondern Art (*O. transfuga* Br.) bei Bahia Blanca in Patagonien auf. Von der Locustiden-Gattung *Meroncidius* Serv., welche für einige central- und südamerikanische Arten aufgestellt wurde, ist eine neue Art auf der afrikanischen Insel Das Rolas in der Bai von Biafra entdeckt worden. Die Gattung *Anaulacomera* Stål, die in Südamerika (Brasilien, Venezuela, Ecuador, Neu-Granada, Central-Perú, Panamá) Vertreter besitzt, tritt in einer Art (*A. malaya* Stål) auch in Malacca und in einer zweiten (*A. insularis* Stål) in Tongatabu auf. Die bis jetzt bekannten 5 Arten der Conocephaliden-Gattung *Pyrgophora* Stål vertheilen sich auf Nord- und Centralamerika einerseits und auf Vorder- und Hinterindien nebst Java anderseits. Ebenso tritt die Gattung *Subria* Stål (Conoceph.), die ebenfalls 5 Arten zählt, in Westindien (Cuba, Puertorico) und Alto-Amazonas und dann wieder in Vorder- und Hinterindien, den Sunda-Inseln und Amboina auf. Von der Acridier-Gattung *Spathosternum* Stål lebt eine Art in Ceylon, Burma und Cambodja, eine zweite in Kamerun. Ein schönes Beispiel eines disjungirten Verbreitungsareals liefert die Mantiden-Gattung *Choeradodis* Serv., die einerseits in mehreren Arten in Centralamerika und im nördlichen Südamerika (Panamá, Columbien, Ecuador, Surinam, Cayenne) vorkommt und anderseits mit einer Art (*Ch. squilla* Sauss.) wieder in Ceylon auftaucht, welche nach der Aussage des ausgezeichneten Specialisten dieser Ordnung, C. Brunner-v. Wattenwyl, »minime Unterschiede aufweist von einer in Chiriqui in Costarica vorkommenden Species. Irgend ein

Verbindungsglied zwischen diesen beiden Fundstätten ist nicht vorhanden.«[1])
Eine andere Art (*Ch. cancellata* Far) ist in ganz Vorderindien, von den
Khasi-Bergen durch Centralindien bis Madras verbreitet. Die Vertreter
der *Curtilla*-Gruppe von *Gryllotalpa* L. finden sich in Südamerika und im
Capland. *Gryllotalpa* selbst besitzt Arten in Europa, Asien, Indonesien,
Japan, Amboina, Neu-Caledonien, Neu-Holland und in ganz Afrika. Die
Grylliden-Gattung *Podoscirtus* Serv. zählt in Java, Celebes, Amboina, Neu-
Caledonien, Viti, Brasilien und Madagaskar jeweilen specifisch verschiedene
Repräsentanten. Die 9 bis jetzt beschriebenen Arten der so characte-
ristischen Grylliden-Gattung *Oecanthus* Serv., von der ein Vertreter (*Oec.
pellucens* Scop.) auch in der Südschweiz heimisch ist, sind über Brasilien
(Pernambuco), das Mittelmeerbecken, das tropische Asien (Bombay) und
die Sunda-Inseln (Java, Sumatra, Borneo, Timor), sowie Ostafrika und
das Capland zerstreut. Die kleinen Arten der Gattung *Cyrtoxiphus* Brunn.
leben in Ceylon, Java, Polynesien (Viti, Upolu, Samoa, Tahiti), auf den
Antillen, in Mexico, in Guinea und Ile de France.

Es sind ferner bei den Orthopteren die Fälle nicht selten, wo ein
generischer Typus der einen Festlandmasse in der andern durch eine
vicarirende Gattung vertreten ist. So hat z. B. die Gattung *Scudderia*
Br., die auf Nordamerika, Mexico und Perú beschränkt ist, in der Gattung
Corymeta Br., die bis jetzt monotypisch ist (*C. amplectens* Schaum) in
Mozambique einen vicarirenden Vertreter.

Neuropteren.

Es kommt hier, als grösstentheils und während der ganzen Lebensdauer landbewohnend, bloss die Gruppe der Planipennien in Betracht,
von denen für unsere Zwecke einzig die Familie der *Ascalaphiden* hinlänglich bekannt ist. Die alte Fabricius'sche Gattung *Ascalaphus*, die in
ihren circa 120 Arten einen sehr characteristischen Insectentypus repräsentirt, ist von den neueren Autoren in eine grössere Anzahl von Genera
(27 bei Mac Lachlan) aufgelöst worden, welche gewissermassen die Localformen des allgemeinen Typus bilden und, sich gegenseitig vertretend, auf
sämmtliche grossen Regionen vertheilt, aber besonders in den tropischen
Gebieten reich entwickelt sind. So gehören *Ascaphalus* (sensu stricto) und
Bubo der mittel- und südeuropäischen Fauna an, die Gattungen *Ulula*
Ramb., *Ptynx* Lef., *Cordulecerus* Ramb. und *Colobopterus* Ramb. beschränken
sich auf Amerika, *Acheron* Lef., *Idricerus* M'Lachl. und *Hybris* Lef. bewohnen Indien, China und Japan, *Melambrotus* M'Lachl., *Tmesibasis* M'Lachl.,
Cormodes M'Lachl. (neuerdings *Allocormodes*) und *Campylophlebia* M'Lachl.

---

[1]) C. Brunner-r. Wattenwyl, Notizen über die Orthopteren-Fauna Ceylons in:
Entom. Nachr. XVIII, Nr. 22 (1892). Vgl. über diese interessante Gattung auch:
J. Wood-Mason, A Catalogue of the Mantodea, Calcutta 1889.

sind afrikanische Gattungen. Neuerdings hat Karsch noch die Genera *Balanopteryx* und *Amoerulops* für ein paar madagassische Arten aufgestellt. Es muss gesagt werden, dass die Trennung der »Gattungen« hier auf viel weniger augenfälligen Merkmalen beruht, als bei manchen Gruppen der Arachniden und Myriopoden, dass ferner die einzelnen Gattungen ungleichwerthig und theilweise noch mangelhaft umschrieben *(Suphalasca)* sind und dass ihnen vielleicht eher der Werth von »Subgenera« oder »Formenkreisen«, als von »Gattungen« zuzuschreiben ist. Wie stark das subjective Element des Autors bei der Aufstellung dieser Ascalaphiden-Gattungen noch zur Geltung kam, zeigt am besten die Bemerkung ihres Monographen Mac Lachlan[1]): »Few, I imagine, now believe in the existence »of groups sharply defined by nature, and coequal in value, such as formed »the ideals of the older authors; and, granting this, it is to me a far »greater aid to memory to have many groups, each with a special name, »than to be put to the inconvenience of retaining in memory the characters »of multitudinous unnamed sections of one large genus: in the former »case the name recalls the characters; in the latter the sections, indicated »probably by numbers or signs, mix themselves unextricably.« Auf der andern Seite aber hat diese Zerfällung eines im Wesentlichen doch homogenen Typus, wie *Ascalaphus* Fabr. in so viele »Gattungen« den Nachtheil, dass der nahe Grad von Verwandtschaft, der diese »Gattungen« verbindet, nicht mehr richtig zum Ausdruck kommt und die Vorstellung erweckt wird, dass dieselben sich in ganz essentiellen Merkmalen und ausgiebig unterscheiden, was thatsächlich nicht der Fall ist.

Vom Standpunkt der Zoogeographie erscheint es hier richtiger, an dem alten generischen Typus *Ascalaphus* Fabr. festzuhalten und denselben in Subgenera aufzulösen, die zum Theil wenigstens, als Formenkreise auftreten, die nach den Localitäten individualisirt sind.

Ascalaphus ist ein alter Typus: *Ascalaphus* (sensu stricto) und die, übrigens noch schlecht fixirte, Gattung *Suphalasca* sind schon aus dem Tertiär bekannt.

Hemipteren.

Sowohl unter den Heteropteren (Wanzen) als unter den Homopteren (Cicaden) treten uns dieselben Fälle wieder entgegen, die auch die höheren Gruppen der übrigen Insectenordnungen characterisiren: Starke Differenzirung der generischen Charactere im Rahmen der engern geographischen Provinz und das Vorkommen streng localisirter, monotypischer Gattungen einerseits, und andererseits eine fast universelle Verbreitung gewisser gut characterisirter Gattungstypen. Auch hier ist die Leibesform durch die Heranbildung von mannigfaltig schützenden Elementen sowohl am Stamme,

---

[1]) *Mac Lachlan,* An Attempt towards a Systematic Classification of the Family Ascalaphidae. in: Journ. Linn. Soc. (Zoology) Vol. XI. p. 221 (1871).

als an den Extremitäten stark differenzirt worden und hat zu auffälligen und localisirten Typen Anlass gegeben. Als Beispiele solcher seien die neotropischen Gattungen *Anisoscelis* Latr. und *Phloea* Le Pell. et Serv. unter den Wanzen, sowie *Bocydium* Latr. und *Hypsauchenia* Germ. unter den Cicaden genannt. Für den auch heute noch stark plastischen Character dieser Gruppe ist es bemerkenswerth, dass diese so auffälligen Formen der Jetztzeit nicht fossil gefunden worden sind. Einzig *Phloea* Le Pell. et Serv. (= *Phloeocoris* [Burm.] Heer) wird in einer Art von Heer aus dem Tertiär von Radoboj angegeben, ein Vorkommen, das um so bedeutungsvoller wäre, als, wie oben erwähnt, *Phloea* heute auf die Südspitze von Amerika beschränkt ist. Doch könnte das betreffende Fossil, nach der Abbildung in Heer's[1]) Arbeit, auch bloss eine Nymphe sein und jedenfalls ist die Ausbildung der so characteristischen Seitenlappen der recenten *Phloea*-Arten bei dieser fossilen Art so schwach, dass die Zugehörigkeit zu der jetzt südamerikanischen Gattung *Phloea* sehr zweifelhaft erscheint.

Wenn wir von den im Wasser lebenden und Nachts ausschwärmenden Wanzen *(Corisa, Nepa, Notonecta, Ranatra, Belostoma)*, den Geschlechtsthieren der Phytophthiren und den grossen Cicaden absehen, so ist die active Ortsbewegung der Hemipteren keine sehr lebhafte. Fliegende Hemipteren trifft man auf der Excursion weit seltener, als Angehörige der übrigen Ordnungen. In den meisten Fällen werden, soweit meine Erfahrung in Europa und in den Tropen reicht, die Flügel nur auf kurze Distanzen hin, von Blume zu Blume, von Zweig zu Zweig, von Busch zu Busch gebraucht und zwar vorwiegend zum Zwecke der Flucht. Mit dieser geringfügigen Verwendung der Flugorgane, die bei manchen Arten der kleinen Cicaden *(Cixius, Tettigometra, Typhlocyba* etc.) fast ausschliesslich als Hülfsapparate der Springbeine fungiren, steht die excessive Entwicklung im Einklang, welche in manchen Gattungen (Pachycoriden, Eurygastriden, Plataspiden etc. unter den Wanzen, und *Membracis, Enchophyllum, Umbonia, Polyglypta* und andere unter den Cicaden) das Schildchen auf Kosten der Flügel erlangt hat, sowie auch die beträchtliche Atrophie, welche der gesammte Flugapparat bei einer Anzahl von Formen in unserer Fauna erlitten hat. Wir treffen hier wieder das schon für die Orthopteren berührte, merkwürdige Verhältniss, dass bei einigen Arten, die normal ungeflügelt sind, gelegentlich, vereinzelt und local, gut geflügelte Individuen auftreten. Ferner kommen eine Reihe von Wanzen- und kleinen Cicaden-Arten, wie einige Acridier, in einer langflügligen und einer kurzflügligen Form gemischt an denselben Localitäten vor. Unter den Wanzen sind es Gattungen verschiedener Familien, deren Arten entweder habituell oder ausnahmsweise diesen Dimorphismus zeigen. Wir nennen davon nur einige

---

[1]) *O. Heer*, Die Insectenfauna der Tertiärgebilde von Oeningen und von Radoboj in Croatien. 3. Abthlg. p. 25, T. II. Fig. 6 in: Denkschr. Schweiz. Gesells. f. d. ges. Naturw. 1853.

Beispiele der paläarktischen Fauna: So von Lygaeiden: *Ischnodemus Genei* Spin., *Dimorphopterus Spinolae* Sign., *Plinthisus pusillus* Scholtz, *P. brevipennis* Latr., *Macrodema micropterum* Curt., *Ischnocoris hemipterus* Schill., *Rhyparochromus hirsutus* Fieb., *Stygnus rusticus* Fall., *Neurocladus ater* Fieb., *Pyrrhocoris apterus* L. Von Tingididen: *Piesma quadrata* Fieb., *maculata* Lap. und *capitata* Wolff., *Orthostira gracilis* Fieb. und *parvula* Fall., *Galeatus maculatus* H.-S. Von Aradiden: *Aradus cinnamomeus* Pz. Von Hydrometriden: *Mesovelia furcata* Mls.-Rey., *Velia rivulorum* Fab. und *currens* Fab., *Gerris najas* de Geer. Von Reduviden: *Coranus subapterus* de G., *Metapterus linearis* Costa, *Prostemma guttula* Fab., *Nabis brevipennis* Hahn, *lativentris* Boh., *major* Costa etc. Unter den europäischen Pentatomiden bildet *Cephalocteus histeroides* Duf. das einzige Beispiel. Unter den Coreiden ist *Micrelytra fossularum* Rossi und unter den Berytiden *Neides tipularius* Lin. und *Berytus minor* H.-S. zu nennen.

Als Beispiele für die Cicaden mögen einige Fulgoriden-Arten genannt sein: *Megamelus notulus* Fieb., *Araeopus crassicornis* Creutz. und *pulchellus* Curt., *Chloriona unicolor* H.-S., *Chl. prasinula* Fieb., *Euides speciosa* Boh., *Conomelus limbatus* F., viele verbreitete und häufige *Liburnia-(discolor* Boh., *pellucida* F., *collina* Boh., *leptosoma* Flor, *venosa* Germ., *lugubrina* Boh. etc.) und *Stiroma*-Arten *(adelpha* Flor, *nasalis* Boh., *pteridis* Géné) *Achorotile albosignata* Dahlb. und manche andere. Man gewinnt den Eindruck, als ob bei solchen Arten die Entwicklung hinsichtlich des Flugapparates eine regressive sei und sich in der Richtung einer Verkümmerung desselben weiter bewege, bei der sie bei einigen Arten, wie z. B. unserer *Velia currens* schon angelangt ist. Das Auftreten geflügelter Thiere bei typisch ungeflügelten Arten wäre dann wohl als Rückschlag auf ein früheres Stadium dieser Species zu deuten.

Bei einigen Arten, so unter den Wanzen bei *Holotrichus Cyrilli* Costa und bei einigen der kleinen Fulgoriden vertheilt sich dieser Dimorphismus der Flügelentwicklung wie bei einigen Schmetterlingen und Hymenopteren auf die Geschlechter, indem nur die Männchen vollkommen entwickelte Flügel besitzen, während die Weibchen ungeflügelt oder verkürzt geflügelt sind.

Wenn nun im Durchschnitt den Flugorganen der Hemipteren nicht die Bedeutung als migratorischer Hülfsapparat zukommt, die sie bei so zahlreichen andern Insecten besitzen, so ist desshalb das Auftreten eines und desselben wohlcharacterisirten Gattungstypus an weit voneinander getrennten Erdstellen bei dieser Gruppe von um so grösserer Bedeutung.

Das merkwürdigste mir für die Hemipteren bekannte Beispiel ist die Gattung *Polyctenes* (Giglioli) Westw.[1]), die so abweichend gebaut ist,

---

[1]) *Waterhouse*, On the affinity of the genus Polyctenes Gigl. etc. in: Trans. Ent. Soc. 1879 p. 309—312, und: Description of a New Species of the anomalous genus Polyctenes, l. c. 1880 p. 319.

dass selbst ein so geübter Zoologe, wie Waterhouse, eine Zeit lang schwankte, ob *Polyctenes* zu den Dipteren oder zu den Hemipteren zu rechnen sei. Dieser etwas abnorme und darum gut characterisirte Hemipterentypus wurde in wenigen Arten schmarotzend auf Fledermäusen gefunden und zwar an folgenden Orten: *P. lyrae* Waterh. in Madras; *P. spasmae* Waterh. in Java, *P. longiceps* Waterh. in Guatemala, *P. fumarius* Waterh., ebenfalls im tropischen Amerika.

Eine Reihe von Gattungen, und zwar sind es bezeichnenderweise meist solche, die schon aus dem Tertiär bekannt sind, haben eine fast cosmopolitische Verbreitung erlangt. Dahin gehören z. B. *Pentatoma* Oliv., *Lygaeus* Fab., *Monanthia* Lep., *Tingis* Fab. und manche andere. Als specielles Beispiel dieser Art sei nur die Verbreitung von *Corizus* Fall. erwähnt, die in specifisch verschiedenen Formen in Europa und Nordafrika, Südafrika, Madagaskar, Ceylon, Java, auf den Galápagos-Inseln, in Mexico und Centralamerika, Venezuela, Brasilien, Argentinien und Chile vorkommt. Die Corizus-Arten gehören zu den lebhafteren und beweglicheren Wanzenformen und einige unserer häufigern Arten sind durch den Schiffsverkehr auch in überseeische Gebiete gebracht worden, so *C. capitatus* Fab. nach Afrika und Südamerika, *C. crassicornis* L. nach Nordamerika. *C. hyalinus* F. findet sich jetzt in Europa, Südafrika, Südamerika und Neuholland.

Weniger auffällige Beispiele weiter Verbreitung eines generischen Typus kommen aber auch anderwärts bei den Wanzen vor. So ist z. B. die Pentatomiden-Gattung *Menida*, die früher nur aus der äthiopischen, östlich-paläarktischen und orientalischen Region bekannt war, neuerdings in ein paar Arten in Südaustralien aufgefunden worden und zweifellos werden derartige Fälle sich noch mehren, wann einmal die exotischen Faunen auch für diese bisher etwas stiefmütterlich behandelte Gruppe besser gekannt sein werden.

Der bereits aus dem baltischen Bernstein und aus den Sedimenten von Aix und Oeningen bekannte Typus der Physapoden ist in der Jetztzeit weit verbreitet. Ich habe Thripiden im Hochland von Guatemala auf Blüthen und Blättern so häufig gefangen, wie in Europa, und auch anderwärts sind Physapoden in tropischen Ländern beobachtet worden. Doch ist die generische Zugehörigkeit der einzelnen Arten dieser kleinsten Formen noch zu unsicher, um eine zoogeographische Verwendung zu gestatten.

Dipteren.

Die Zweiflügler sind, wenigstens im heutigen Zustande unserer Kenntnisse, die am wenigsten für zoogeographische Zwecke brauchbare Insectenordnung. Verschiedene Umstände sind daran Schuld. Am meisten aber fällt in's Gewicht, dass die systematische Durcharbeitung für einen grossen Theil der aussereuropäischen Faunen noch nicht den Grad von Verlässlichkeit erlangt hat, der zur Beurtheilung der Verbreitung der Typen nothwendig wäre. Die Kleinheit und Gebrechlichkeit der überwiegenden Mehrzahl der Dipterenformen, die Schwierigkeit, sie in brauchbarem Zustand aus den Tropen heimzuschaffen, machen dies begreiflich. Ferner erschwert die ungeheure Menge der Arten und nahe verwandter Formen, die relative Spärlichkeit gut umschriebener, frappanter und dabei artenarmer generischer Typen die Uebersicht hier ungemein. Dazu kommt die grosse Beweglichkeit der meisten Dipteren, welche sie als gute Flieger befähigt, sich rasch über grosse Gebiete zu verbreiten. Ferner repräsentiren manche der heute lebenden Formen schon alte, d. h. mindestens frühtertiäre generische Typen.

Wir treffen daher hier eine verhältnissmässig grosse Anzahl von Gattungen mit fast cosmopolitischem Character, ohne dass dieser auf recente Verbreitung ohne weiteres zurückzuführen wäre. So kommt beispielsweise die Gattung *Conops* L. in specifisch differenzirten Formen in Mittel- und Südeuropa, im Kaukasus, in Indien, Ceylon, auf den Molukken, in Australien, am Cap und dann wieder von Nordamerika bis nach Montevideo hinab vor. Die Gattung *Syrphus* Fab., die ebenfalls ausgezeichnete Flieger umfasst, zählt Vertreter in Europa, Nordafrika, in Indien, in Neu-Caledonien, in Australien, in Californien, Mexico und Südamerika bis nach Chile hinab. Syrphus ist eine alte, schon im baltischen Bernstein und in den Sedimenten von Oeningen und Radoboj vertretene Gattung. Als ich mich in Guatemala eingehender mit der dortigen Dipterenfauna beschäftigte, war ich erstaunt über die grosse Anzahl der mir aus der paläarktischen Fauna bekannten generischen Typen. Ich erwähne davon die ebenfalls schon im Bernstein auftretende characteristische Gattung *Pipunculus* Latr., dann die nicht weniger characteristischen Formen von *Phora* Latr., *Hybos* Meig., *Asilus* L., *Tabanus* L. und andern unter den Brachyceren und von *Chironomus* Meig., *Ceratopogon* Meig., *Cecidomyia* Latr., *Pachyrrhina* Macq., *Psychoda* Latr., *Sciara* Meig., und andern unter den Nemoceren, welche durch ihre Arten- und Individuenzahl die spärlicher vorhandenen tropischen Formen in den Hintergrund drängten und der Fliegenfauna jener Gegend ein auffallend boreales Gepräge verliehen. Einige der genannten Gattungen, wie *Pachyrrhina, Sciara, Phora, Tabanus, Syrphus* sind u. a. auch von der entgegengesetzten Seite des Erdballs, von den Philippinen constatirt. *Sciara, Phora, Tabanus* und *Syrphus* sind auch von verschiedenen Punkten Afrikas (Madagaskar, Guineaküste etc.) bekannt.

Allerdings fehlen auch den Fliegen sehr auffällige und localisirte Formen, wie *Achias* Bosc., *Diopsis* L., *Celyphus* Dalm., *Naupoda* O.-S., *Asyntona* O.-S., nicht völlig, aber sie scheinen doch nirgends hinlänglich in den Vordergrund zu treten, um der Localfauna ein specifisches Gepräge so augenfällig zu verleihen, wie dies so viele Gruppen der übrigen Insectenordnungen thun.

Mimetische Formen fehlen namentlich unter den Syrphiden und Tipuliden nicht ganz, wenn sie auch nicht so stark in die Augen fallen, wie bei den Orthopteren und Lepidopteren. Pterygodimorphismus, wie er sich bei einigen Gattungen der Orthopteren und Hemipteren findet, ist meines Wissens von den Dipteren nicht bekannt. Dagegen sind eine Anzahl von Formen dadurch atypisch geworden, dass sie die Flugorgane ganz eingebüsst haben, oder dass diese wenigstens zu unbrauchbaren rudimentären Organen herabgesunken sind. Für die Unterordnungen der Pupiparen (Lausfliegen) und der Aphanipteren (Flöhe) liegt die Ursache dieser Reduction ersichtlich in der Annahme einer parasitischen Lebensweise; bei der anomalen, artenarmen Tipuliden-Gattung *Chionea* Dalm. dagegen, von der ich eine Art (*C. araneoides* L.) in früheren Jahren bei Riffersweil (Ct. Zürich) im ersten Frühjahr, und zwar bei Tage, ziemlich häufig auf dem Schnee laufend gefangen habe, fällt dieser Grund weg. Von Chionea sind zwei europäische und zwei nordamerikanische Arten bekannt. Gänzliches Fehlen oder wenigstens ein rudimentärer Zustand der Flügel kommt auch in einigen andern mitteleuropäischen Dipteren-Gattungen vor, wie *Apterina* Macq., *Elachiptera* Macq. und *Myrmemorpha* L. Duf. und stets handelt es sich dabei um aberrante Typen innerhalb normal geflügelter Gruppen.

So wenig günstig nach dem Gesagten die Dipteren für die hier behandelte Frage auch sind, so gelingt es doch, auch bei ihnen die Wiederkehr der bereits mehrfach erwähnten zoogeographischen Erscheinungen darzuthun. Ich wähle hierfür die Verbreitung einiger Gattungen der Tipuliden, da durch die sorgfältigen und auf Autopsie der Typen beruhenden Arbeiten von Herrn v. Osten-Sacken das in den Sammlungen vorhandene exotische Material in dieser Dipteren-Familie in zuverlässiger Weise durchgearbeitet ist.[1])

Die Gattung *Dicranomyia* Steph. findet sich in Europa und Nordamerika, ferner in Java und auf den Philippinen und endlich in Neu-Seeland vertreten. Die Gattung *Geranomyia* Hal., die bereits in den Mergeln von Aix vorkommt, hat lebende Arten in der ganzen borealen (paläarktischen und nearktischen) Region, dann in Ceylon und Sumatra. Die artenarme Gattung *Rhiphidia* Meig. zählt gegenwärtig 4 europäische, 3 nordamerikanische, 1 südamerikanische und 1 afrikanische Art. Die im paläarktischen und nearktischen Gebiet hauptsächlich vertretene Gattung *Trochobola* O.-S. taucht wieder (in 3 Arten) in Südost-Australien und Neu-Seeland auf. *Elephantomyia* O.-S., schon aus dem baltischen

---

[1]) Von den zahlreichen Arbeiten dieses Autors über die Tipuliden sei hier nur genannt: C. R. v. Osten-Sacken, Studies on Tipulidae II, in: Berl. ent. Zeitschr. Bd. XXXI. 1887. Heft II.

Bernstein bekannt, hat paläarktische und nearktische Arten, und tritt auch in Südafrika in ein paar theils lebend, theils aus Copaleinschlüssen bekannten Arten auf. *Tenoholabis* O.-S. ist gegenwärtig aus Nordamerika, Brasilien, Ceylon, Sumatra und Neu-Guinea bekannt. Die Gattung *Trimicra* O.-S. ist in sehr ähnlichen Arten cosmopolitisch durch alle tropischen und extratropischen Gebiete verbreitet und besitzt selbst auf entlegenen Inseln, z. B. der St. Pauls-Insel, Vertreter. *Gnophomyia* O.-S. vertheilt ihre Arten auf Europa, Nord- und Süd-Amerika, auf das Capland und Australien. Die Arten von *Mongoma* Westw. leben im tropischen Afrika, Madagaskar, Borneo und den Philippinen. Die wenigen Arten von *Epiphragma* O.-S. kommen vor in: Europa (1 Art), Nord- und Süd-Amerika (6 Arten) und Sumatra (1 Art). Die Meigen'sche Gattung *Trichocera*, von der eine bei uns häufige Art (*Tr. hiemalis* Meig.) selbst an sonnigen Wintertagen in Schwärmen die Luft belebt, besitzt auch Arten in Nordamerika, in Ostindien, Ceylon, Celebes und Neu-Seeland, sie gehört also den thermisch indifferentesten Formen der Dipteren an. *Eriocera* Macq., schon im baltischen Bernstein vorhanden, bewohnt gegenwärtig in etwa 30 Arten das tropische Asien, in etwa 25 andern das tropische Amerika, sie tritt aber auch in Madagaskar und Mozambique in ein paar Arten auf. Die Arten von *Amalopis* Hal. bilden zunächst einen borealen Ring durch Europa und Nordamerika, aber die Gattung taucht auch in Australien wieder auf. Von besonderem Interesse für den uns beschäftigenden Gegenstand sind Gattungen, wie *Tanyderus* Phil., die in Chile einerseits, in Amboina und Neu-Seeland anderseits Arten besitzt, und die nahe verwandten Genera *Cerozodia* Westw. und *Ctedonia* Phil., die in der Weise vicarirend für einander auftreten, dass die erstere australische, die letztere dagegen chilenische Arten umfasst.

Es unterliegt keinem Zweifel, dass auch für manche der übrigen Dipterenfamilien sich zahlreiche ähnliche Fälle umfassender und disjungirter Gattungsareale werden auffinden lassen, sobald einmal die Formen der Tropen auch für diese Gruppe besser gesammelt und mit derselben Gründlichkeit und Sorgfalt durchgearbeitet sein werden, wie dies für die Tipuliden durch v. Osten-Sacken geschehen ist.

Es sind einige Beispiele bekannt, wo Dipteren durch den Schiffsverkehr verschleppt worden sind und seither in andern Gebieten eine ausserordentliche Verbreitung erlangt haben. Der Verbreitung der Stubenfliege nach dem tropischen Amerika im Mittelalter wurde schon oben (p. 12) gedacht. Sie ist seither auch in andere Gebiete gebracht worden, wo sie früher nicht heimisch war. Auch *Callimorpha romitoria* L. ist jetzt in Nordamerika ebenso häufig, wie in Europa, sie ist aber auch nach Chile, Neu-Seeland und Australien verschleppt worden, wo sie früher fehlte. Die Moskitos (*Culex*) wurden der Ueberlieferung nach erst im Jahre 1823 von Nord-Amerika aus nach den Sandwich-Inseln gebracht, wo sie vordem nicht vorhanden waren. Ein besonders auffälliges Beispiel noch lebhaft fortdauernder Verbreitung einer ursprünglich paläarktischen Fliegenart bietet unsere gemeine *Eristalis tenax* Fab., die über Europa, Nordafrika, Sibirien, China, Japan, Madagaskar, Bourbon weit verbreitet ist. In den Ver. Staaten dagegen hatte sie von Osten-Sacken[1]) trotz zwanzigjähriger Sammelthätigkeit nie gefangen. Dann aber trat sie plötzlich im Jahre 1875 auch dort auf und zwei Jahre später war sie im Osten schon gemein und bis in die Rocky Mountains hinüber verbreitet. Es bleibt dabei zweifelhaft, ob es sich um eine Verschleppung durch Schiffe von Europa her handelt, oder ob die Art nicht vielmehr von Westen her, also von Asien herüber, nach Amerika gelangt sei.

Es ist jedoch zu bemerken, dass man der Verbreitung durch Schiffe für die Aenderung und Mischung der Faunen keine zu unbegrenzte Wirksamkeit zuschreiben darf. Sie ist stets von dem Zusammentreffen verschiedener, besonders günstiger Umstände abhängig, die in der Biologie der betreffenden Thiere wurzeln, und daher keineswegs so einfach und leicht, wie man vielleicht anzunehmen geneigt sein möchte. Angesichts der ungeheuren Menge von wirbellosen Thieren, welche die heutigen Landfaunen constituiren, ist die Anzahl der sicher constatirten Fälle von Verschleppung durch den Schiffsverkehr doch sehr klein und beschlägt nur eine geringe Anzahl von Formen.

Lepidopteren.

Trotzdem die Schmetterlinge seit mehr als hundert Jahren von zahlreichen Liebhabern aller Culturländer mit grosser Intensität gesammelt werden, sind doch unsere zoogeographischen Kenntnisse derselben noch keineswegs auch nur annähernd zum Abschlusse gelangt. Gerade in den Gruppen, die für unser Thema in erster Linie in Frage kämen, die Microlepidopteren, die Geometriden und Noctuiden, ist unser Wissen noch so lückenhaft, dass wir für die Discussion zoogeographischer Fragen bis jetzt fast ausschliesslich auf die Rhopaloceren angewiesen sind. Diese aber bilden für den vorliegenden Zweck eine nicht durchweg günstige Gruppe, da sie in der überwiegenden Zahl gute Flieger, in einigen Fällen sogar lebhafte, active Wanderer umfasst. Zudem sind auch die Tagfalter in ausserordentlich hohem Masse plastisch geblieben und reagiren durchschnittlich leicht und energisch auf die variirenden Einflüsse, wie sie in der Aenderung der physikalischen Verhältnisse der Umgebung und in der Herausbildung schützender Farbenänderungen (Mimicry im weitesten Sinne) gegeben sind.

---

[1]) *C. S. v. Osten-Sacken*, Facts concerning the Importation or non-importation of Diptera into distant countries, in Trans. Ent. Soc. Lond. 1884.

Es kann daher nicht auffallen, wenn gerade hier die Zahl der mimetischen Formen relativ gross ist, wenn ferner die Erscheinungen eines sexuellen und jahreszeitlichen Polymorphismus häufig sind und wenn wir zuweilen selbst eine und dieselbe weitverbreitete Art in einen Kreis polymorpher Local- oder Saisonvarietäten aufgelöst sehen. Es wird auch begreiflich, wenn einerseits die cosmopolitischen oder wenigstens circumpolaren Familien unter den Tagfaltern zahlreich sind, und wenn anderseits die Differenzirung der generischen Charactere so weit gediehen ist, dass sich grosse und artenreiche Gruppen als specifische Eigenthümlichkeit einer einzigen Faunenregion entwickelt haben, wie dies beispielsweise für die Neotropiden der Fall ist.

Um so wichtiger sind daher auch bei dieser so variabeln und beweglichen Gruppe eine Reihe von chorographischen Vorkommnissen, die sich den bisher für andere Ordnungen angeführten anschliessen und die durch die Annahme einer recenten Verbreitung nicht ausreichend erklärt werden. Sie sind theilweise in dem bekannten Werke von Dr. O. Staudinger und Dr. E. Schatz [1]) namhaft gemacht und discutirt worden, so dass wir uns hier auf eine kleine Anzahl prägnanter Fälle beschränken können.

Die Gattung *Acraea* Fabr., die einen eigenen Familientypus constituirt und die mit etwa 80 Arten hauptsächlich für die afrikanische Fauna characteristisch ist, kommt in ca. 40 Arten auch in Südamerika, in einigen wenigen auch in der indo-australischen Fauna vor. Eine generische Abtrennung der südamerikanischen Acraeen von den altweltlichen scheint für die Zukunft möglich. Die Gattung *Thecla* Fabr. findet sich in der paläarktischen Region bis nach China und Japan einerseits, anderseits in ganz Amerika von den canadischen Seen bis nach Chile hinab vertreten. Die Nymphaliden-Gattung *Hypanartia* Hübn. besitzt Arten in Südamerika, in Afrika und in Madagaskar. Eine Art der sonst für die nearktische Fauna characteristischen Pieriden-Gattung *Midea* H.-S. fliegt jenseits des Stillen Meeres in Japan. Die ebenfalls den Pieriden zugehörige Gattung *Tachyris* Wall., sonst hauptsächlich in der orientalischen und äthiopischen Region vertreten, besitzt eine Art (*T. Ilaire* Godt.) in Südamerika. Die 10 Arten der isolirten Gattung *Libythea* Fabr., von denen eine, *L. Celtis* Fuessly, Südeuropa erreicht, sind über alle zoogeographischen Regionen vertheilt und finden sich selbst auf so abgelegenen Erdstellen, wie Mauritius (*L. cinyras* Trim.) und den Antillen (*L. terena* Godt.). Dass die Erycinideń-Gattung *Abisara* Feld., trotzdem sie bloss 12 Arten besitzt, sowohl über die indo-chinesische und malaische Subregion, als in Madagaskar und Afrika verbreitet ist, kann nach der viel-

---
[1]) *Dr. O. Staudinger* und *Dr. E. Schatz*, Exotische Schmetterlinge, II. Theil: Die Familien und Gattungen der Tagfalter, systematisch und analytisch bearbeitet von Dr. E. Schatz. 1885.

fachen faunistischen Verwandtschaft beider Regionen nicht auffallen. Die Gattung *Polyommatus* Latr., die ihre Hauptverbreitung im nearktischen und paläarktischen Gebiete hat, ist durch einige wenige Arten auch in Chile und Neu-Seeland vertreten.

Unter den Hesperiden kommen einige artenarme, sonst für das tropische Amerika characteristische Gattungen, wie *Oxynetra* Feld., *Leucochitonea* Wallengr. und *Pardaleodes* Butl. auch in Afrika vor und liefern für diese jetzt so weit getrennten und in andern Gruppen so stark divergirenden Faunen den Beweis einer einstigen Verwandtschaft, die auch durch andere Thatsachen bestätigt wird. Einen der merkwürdigsten und schönsten derartigen Fälle liefert die Heteroceren-Gattung *Urania* Latr. Sie ist heute zum Typus einer besondern Familie, Uraniidae, erhoben und durch ihren neuesten Monographen, Westwood,[1]) in eine Reihe von Gattungen zerfällt worden, von denen uns hier nur die beiden sehr nahe verwandten *Uranidia* Westw. und *Chrysiridia* Hübn. interessiren. Beide unterscheiden sich, in den Imagines wenigstens, bloss durch etwas verschiedenen Verlauf des Flügelgeäders und verschiedene Bildung der Schwanzfortsätze der Hinterflügel von einander, zeigen aber im Uebrigen im Gesammthabitus und in der, für Geometriden durchaus auffälligen und abweichenden Färbung eine so merkwürdige Uebereinstimmung, dass diese nur durch nahe genetische Verwandtschaft zu erklären ist. Nun fliegen aber die 8 Arten der Gattung Uranidia in Brasilien, Westindien und Centralamerika bis Mexico hinauf, während die paar Arten von Chrysiridia, deren Typus *Chr. rhipheus* Drury ist, auf Madagaskar, Zanzibar, Woodlark Island[2]) beschränkt sind. Die metallschimmernde Farbenpracht der Uranidien und Chrysiridien steht mit der Thatsache im Zusammenhang, dass diese Thiere, abweichend von ihren nächsten Verwandten im Systeme, Tagflieger sind, die allerdings auch, wie ich an *U. fulgens* Boisd. in Guatemala beobachtete, in der Dunkelheit vor Sonnenaufgang gelegentlich fliegen, wohl zum Zwecke der Paarung. Zur Beurtheilung der auffallenden Verbreitung dieser so nahe verwandten Gattungen ist es vielleicht erwähnenswerth, dass die Uranidien, z. B. die südamerikanische *U. leilus* L. und die centralamerikanische *U. fulgens* zu den lebhaften, activen Wanderern gehören, die sich in Schaaren zusammenthun und gemeinsam erhebliche Strecken zurücklegen. Heute allerdings sind die Areale der madagassischen und der neotropischen Uraniden so weit getrennt, dass an einen weitern Austausch von Arten nicht zu denken ist und es fällt daher dieser Wandertrieb nicht in Betracht, wohl aber mochte er in der Vorzeit geeignet sein, eine weite Verbreitung des Typus Urania zu vermitteln.

---

[1]) *Westwood*, Observations on the Uraniidae etc. In: Trans. Linn. Soc. Vol. X. pars XII. nr. 1. 1879.

[2]) Für diese hier auffällige Localität giebt Westwood eine besondere Art *Macleayii* Montrouzier ohne weitere Bemerkung an.

Die übrigen, von der heutigen Systematik noch den Uraniden zugezählten Gattungen, *Alcidis* Westw. (australische Region), *Lyssidia* Westw. (orientalische und australische R.), und die neotropischen Manidien und Coronidien stehen den vorstehend erwähnten Uranien im engern Sinne schon etwas ferner und brauchen daher hier nicht weiter berücksichtigt zu werden.

Mit den Untergattungen *Uranidia* und *Chrysiridia* des alten Genus *Urania* betreten wir eigentlich schon das Bereich der Fälle, wo systematisch nahe verwandte Gattungen vicarirend für einander in verschiedenen chorographischen Provinzen auftreten. Zu derartigen Formen gehört z. B. auch unsere gemeine *Leucophasia sinapis* L., deren nächste Verwandte wir erst wieder in den südamerikanischen *Dismorphia*-Arten finden, die in der neotropischen Fauna ganz isolirt dastehen und durch mimetische Anpassungen stark veränderte Pieriden umfassen. Dahin ist ferner die merkwürdige, parnassius-ähnliche Papilioniden-Gattung *Euryeus* Boisd. zu zählen, die heute auf das Festland von Australien (*E. Cressida* Fabr.) beschränkt ist und deren nächster systematischer Verwandter erst wieder jenseits des Stillen Meeres im Laplata-Gebiete in der Gattung *Euryades* Feld. auftritt (*E. corethrus* Boisd. in Uruguay und *E. duponchelii* Luc. in Paraguay). Auch die Gattung *Hamadryas* Boisd. ist hier zu nennen, welche den einzigen nicht-amerikanischen Vertreter der Familie der Neotropiden bildet. Ihre paar Arten characterisiren heute die australische Region, besitzen aber ihre nächsten Verwandten in den neotropischen Ithomien.

Man ist, und speciell bei den zahlreichen Amateuren der Lepidopterologie ist dies der Fall, häufig zu sehr geneigt, bei der Beurtheilung der biologischen Dignität das Hauptgewicht auf die Imago und nicht auf die frühern Stände zu legen. Man darf aber nicht vergessen, dass die Imagines in ihrer biologischen Rolle nichts weiter als geflügelte Geschlechtsorgane sind, deren ausschliesslicher Zweck es ist, das gegenseitige Auffinden der Geschlechter zum Zwecke der Begattung, und die Ausstreuung der Art zu erleichtern. Sie sind also das Analogon der Pappusorgane der Compositenfrüchte und der Flügelvorrichtungen vieler anderer Samen, wie z. B. der prächtigen Scheiben von *Aspidosperma*. Das biologische Hauptgewicht der Art aber, ihre Wichtigkeit für den Gesammthaushalt der Natur liegt in den frühern Ständen, deren Lebensdauer die der Imago in sehr zahlreichen Fällen um ein Vielfaches übertrifft und die durch ihre Nahrungsaufnahme in ganz anderer Weise in die Oeconomie der Natur eingreifen, als die Imago. Die Aufgabe, als geflügelte Geschlechtsorgane zu dienen und die Verbreitung der Art zu besorgen, wird besonders deutlich bei den Schmetterlingen, welche gelegentlich wie von einem eigenthümlichen furor migratorius ergriffen, in Schaaren als extensive Wanderer auftreten, wie *Vanessa cardui* L., *Pieris brassicae* L. und *P. rapae* L.,

Liparis monacha L., *Megalura chiron* Fabr., *Urania leilus* L. und *fulgens* Boisd. Bei einigen Arten, wie der europäischen *Pieris rapae* L. und der amerikanischen *Danais Erippus* Cram. constatiren wir in der Jetztzeit eine relativ rasche, immer weiter um sich greifende Ausbreitung über ihre ursprüngliche Heimath hinaus.

Ein instructives Beispiel einer rasch über grosse Strecken sich ausbreitenden Schmetterlingsart liefert unser gemeiner Weissling *Pieris rapae* L. in Nordamerika. Sein Auftreten in der Neuen Welt wurde zuerst im Jahr 1860 in Canada bemerkt. Seither ist er successive westwärts und südwärts vorgerückt. Im Jahr 1878 erreichte er das obere Mississippi-Thal und im Jahr 1886 spricht sich Scudder,[1]) der an der Hand der vorhandenen statistischen Daten das Vordringen des Schädlings kartographisch dargestellt hat, bereits dahin aus, dass kein Staat östlich vom Felsengebirge mehr davon frei sei, obwohl der Schmetterling damals von den Staaten Mississippi, Louisiana und Arkansas noch nicht speciell nachgewiesen war. Characteristischer Weise und im Einklang mit dem, was wir auch anderwärts über die Wirkung eingeführter Arten auf die einheimische Fauna beobachten, war die Ueberhandnahme des europäischen Schädlings von deletärer Wirkung auf die eingebornen amerikanischen, harmlosen Weisslinge, *Pontia protodice* Boisd. Lec. und *Pieris oleracea* Harr. Sie wurden von der fremden Art fast vernichtet (»almost exterminated« Scudder, l. c.).

Einen schroffen Gegensatz hierzu bilden die Fälle strenger Localisation systematisch vereinzelt dastehender Schmetterlingsarten, welche als letzte Repräsentanten uralter und vermuthlich im Aussterben begriffener Stämme noch in die Jetztzeit hineinragen. Dahin gehört z. B. *Druryia Antimachus* Drury, der gegenwärtig auf Fernando Po und die Küstenländer von Ober-Guinea beschränkt ist, ferner der bloss im westlichen Himalaya heimische *Teinopalpus imperialis* Hope, der schon erwähnte australische *Eurycus Cressida* und die Heteroceren-Gattungen *Uranidia* und *Chrysiridia*.

Besondere Erwähnung verdienen noch ein paar Tagfalter-Gattungen, wie *Colias* und *Argynnis*, deren Verbreitungsgebiet in der Weise disjungirt ist, dass dasselbe zunächst einen mehr oder weniger geschlossenen, arten- und formenreichen Ring durch die borealen (nearktischen und paläarktischen) Faunengebiete, mit gelegentlichem Uebergreifen in die südlichen Nachbargebiete, bildet, dass dann aber in weiter Entfernung davon an einigen isolirten Punkten wieder einige Arten dieser Gattungen auftreten, hauptsächlich im Süden der neotropischen Region, in Chile, Argentinien und Patagonien.

---

[1]) *S. H. Scudder*, The Introduction and Spread of *Pieris rapae* in North America 1860—1886, in: Memoirs Boston Soc. Nat. Hist., Vol. IV. 1887.

Das Areal der ziemlich artenreichen Pieriden-Gattung *Colias* Fabr.[1]) umfasst gegenwärtig folgende Einzelgegenden: die Azoren, Nordafrika, West-, Central- und Nordeuropa bis Lappland und Novaja-Semlja hinauf, Syrien, Kleinasien, Nord-Persien, Sibirien, die Amurgegenden, China und Japan, Tibet und den Himalaya. Eine Art (*C. Ponteni* Wallengr.) fliegt auf den Sandwich-Inseln[2]) und stellt die Verbindung her mit dem nearktischen Gebiet, wo Colias von Grönland und Boothia Felix im Norden bis nach Texas und Californien im Süden auftritt. In Mexico und ganz Centralamerika fehlt die Gattung Colias, tritt dann aber mit ein paar vereinzelten Arten wieder in den Hochgebirgen von Columbien und Ecuador (*C. dimera* Doubl.) und von Perú (*C. Euxanthe* Feld.) auf, und Colias-Arten fliegen dann wieder in Chile und Argentinien (*C. lesbia* F.) bis nach Patagonien und an die Magellan-Strasse hinab, wo sie noch durch *C. Vautieri* Guér. vertreten sind. Diese südamerikanischen Colias-Arten, von denen ich die genannten mit Ausnahme von *C. Euxanthe* selbst besitze, stehen den nordischen Formen noch sehr nahe und sind in ganz ähnlicher Weise, wie manche von diesen, dimorph, indem die Färbung der Männchen dunkler, stärker nach hochgelb, orange oder rothgelb hin verschoben ist, als die der Weibchen, welche mit ihrem blassgelben Colorit dem ursprünglichen, weissen Pieridentypus noch näher geblieben sind. Das Weibchen von *C. lesbia* tritt sogar selbst wieder dimorph in einer dunklern, orangefarbenen und einer hellern, blassgelben Form auf.

Die enge Verwandtschaft dieser neotropischen Formen mit den borealen legt es nun nahe, das Auftreten der Gattung Colias in den südamerikanischen Anden für eine recente, d. h. posttertiäre Einwanderung zu halten. In der That vertreten so ausgezeichnete Entomologen, wie Dr. Staudinger und Dr. Schatz die Ansicht, es seien die Colias mit einigen andern borealen Formen den grossen Gebirgszügen entlang gewandert, »welche sich im Westen Nordamerikas bis nach Centralamerika und der grossen Andenkette fortsetzen, bis sie wieder das für sie geeignete Klima auf den chilenischen Höhen fanden und sich dort in der ursprünglichen Form erhalten konnten.« Auch ein anderer kenntnissreicher Lepidopterologe, Dr. M. Standfuss, hält, wie er mir mündlich mittheilt, diese Ansicht für die wahrscheinlichste und ist überhaupt geneigt, die Gattung *Colias* für einen relativ jungen Zweig des Pieridenstammes zu halten, da die von den Männchen inaugurirte und von den Weibchen ganz oder theilweise mitgemachte Verschiebung der ursprünglich weissen Pieriden-Färbung nach verschiedenen Nüancen von Gelb und Roth eine relativ spät eingetretene

---

[1]) *H. J. Elwes*, Additional notes on the genus Colias in: Trans. Entom. Soc. Lond. 1884.

[2]) *Dixey* bemerkt indessen zu dieser Fundortsangabe: »The occurrence of *Colias* in the last named locality (Sandwich Islands) is, however, not entirely free from doubt.« (Phylogeny of the Pierinae. p. 327.)

Modification darstelle. Aber wenn man auch zugeben muss, dass die genannten Verschiebungen auf jeden Fall einen secundären Process bilden, so lässt sich derselbe eben doch zeitlich absolut nicht fixiren; er kann, da die Pieriden überhaupt einen alten Schmetterlingstypus repräsentiren, sehr frühzeitig begonnen haben, und es kann die Abzweigung der Gattung Colias immerhin bis in's Tertiär zurückreichen. Die von Scudder[1]) für einen fossilen Schmetterling aus den ober-eocänen Mergeln von Aix aufgestellte Gattung *Coliates* (*C. Proserpina*) steht allerdings der jetztlebenden indo-australischen Gattung *Delias* Hübn. näher als den heutigen Colias-Arten.

Auch das Auftreten von Colias in den südamerikanischen Anden und in Argentinien braucht nicht nothwendig auf recenter, beziehungsweise postglacialer Einwanderung längs den Anden zu beruhen. Denn erstlich sehen wir, dass auch auf der Südspitze von Afrika, ebenfalls weit vom Gros der Gattung getrennt, eine versprengte Colias-Art vorkommt (*C. electra* L. im Capland, Natal und Transvaal), die nicht bloss durch Wanderung längs einer hohen Gebirgskette dahin hat gelangen können, und ferner wiederholt sich das chorographische Verhalten von Colias auch bei andern Insecten-Gattungen.

Neuerdings hat Dr. Fr. Dixey bei Anlass seiner Untersuchungen über die Phylogenie der Pierinen sich mit der geographischen Verbreitung der Gattung Colias beschäftigt.[2]) Er hält dafür, dass der Ausgangspunkt für diese weitverbreitete Pieriden-Gattung in Asien zu suchen sei, und bei der heutigen Configuration der Erdoberfläche etwa mit dem Grenzgebiet zwischen der paläarktischen und der orientalischen Region an der NW.-Grenze von Indien zusammenfallen würde. Von diesem Centrum aus seien ein paar Arten nach Süd-Afrika und Vorder-Indien vorgedrungen, die Mehrzahl aber habe sich nordwärts gewandt und allmälig die paläarktische und nearktische Region bis über den Polarkreis hinaus bevölkert. Sie wären dann längs den grossen Gebirgsketten von Central- und Süd-Amerika nach Chile und Patagonien gelangt.

Wesentlich ähnliche Verhältnisse wie Colias bietet z. B. die Gattung *Argynnis* Fabr.[3]) Auch bei ihr liegt gegenwärtig der Schwerpunkt der Formenentwicklung und der Verbreitung im paläarktischen Gebiet, wo sie mit Bevorzugung der Gebirgsgegenden in Europa, im Kaukasus, im Altai, im Amurland, in der Küstenprovinz in China und Japan, dann weiter südlich im Thianschan, in den Hochgebirgen von Kaschmir, Tibet, Garhwal und Sikkim, im höheren Himalaya (7—12,000'), in den Khasia-Bergen (4—5000') in zahlreichen Arten vertreten ist. Einzelne ihrer Arten sind weit verbreitet. So kommt unser Silberstrich, *A. paphia* L.,

---

[1]) *S. H. Scudder*, Fossil Butterflies, p. 51, in: Mem. Amer. Ass. Adv. Science I. 1875.
[2]) Dr. *Frederick A. Dixey*, On the Phylogeny of the Pierinae p. 327, in: Trans. Ent. Soc. Lond. 1894. p. 249 u. ff.
[3]) *H. J. Elwes*, On a revision of the genus Argynnis in: Trans. Entom. Soc. 1889.

ein guter Flieger, in Ostasien ebenso häufig vor, wie in Europa und erreicht dort eine noch stattlichere Grösse. Im nearktischen Amerika ist Argynnis von Grinnell-Land im Norden bis Arizona und New-Mexico im Süden vertreten. Dann fehlt, so viel bis jetzt bekannt, die Gattung Argynnis in Amerika über eine Erstreckung von nicht weniger als 50 Breitegraden, um dann südlich vom Wendekreis des Steinbocks neuerdings in einer kleinen Gruppe von Arten aufzutreten, die über das Südende des Continents vom Atacama-Gebiet bis nach Punta-Arenas an der Magellan-Strasse vertheilt sind. Dahin gehört z. B. *A. lathonioides* Blanch. in den Anden des mittlern und nördlichen Chile in 6000' und *A. modesta* Blanch. in 8—10,000' Höhe. *A. Desannene* Boisd. fliegt in Argentinien.

Während aber die südamerikanischen Colias-Arten das Gepräge ihrer borealen Verwandten noch bewahrt haben, ist die kleine Gruppe der chilenischen Argynnis-Arten, die sich sonst in Form und Aderverlauf an die paläarktische *A. lathonia* L. anschliessen, in anderer Hinsicht, namentlich in der Zeichnung der Unterseite der Hinterflügel, aberrant geworden. Sie werden daher auch wohl als *Brenthis* Feld. von *Argynnis* sensu stricto abgetrennt. Schon diese Thatsache der Entfernung vom allgemeinen generischen Typus, sowie das Fehlen von Argynnis in der ganzen weiten Zwischenregion von Arizona bis Atacama hinab, wo doch an vielen Orten die klimatischen und botanischen Bedingungen für die Existenz von Argynnis-Arten gegeben gewesen wären, lässt daran denken, dass das Auftreten von Argynnis, beziehungsweise Brenthis in den Anden von Chile nicht ohne weiteres auf recente Einwanderung zurückzuführen ist, sondern dass die räumliche Trennung der borealen und neotropischen Formen zeitlich möglicherweise erheblich weiter zurückdatirt werden muss, als die südamerikanische Eiszeit, wenn auch selbstverständlich ihre Einwanderung in die früher vergletscherten Gebiete der Anden erst nach dem Rückzug der Gletscher stattgefunden haben wird. Dies wird auch dadurch noch wahrscheinlicher gemacht, dass ausserhalb der borealen Verbreitungszone an zwei isolirten Stellen tropischer Gebiete ebenfalls Argynnis-Arten auftreten, nämlich *A. niphe* L. in Java und an der Moreton-Bai in Nordaustralien (*Var. inconstans* Butl.) und *A. Hanningtoni* Elwes in Taveta am Kilimandjaro. Wir werden später ein ähnliches Verhalten bei der Landschnecken-Gattung *Clausilia* zu erwähnen haben, wo ebenfalls in einem afrikanischen Gebirgsland (Abessinien), weit von ihren borealen Verwandten getrennt, ein paar versprengte Arten auftreten.

Ein von Heer[1]) zuerst aus dem Miocän von Radoboj als *Vanessa Pluto* beschriebener Schmetterling wurde später von Edwards[2]) und nach

---
[1]) *O. Heer*, Die Insectenfauna der Tertiärgebilde von Oeningen und von Radoboj in Croatien; 2. Abth. p. 179, in: Neue Denkschr. der allg. Schweiz. Ges. f. d. ges. Naturw. 1850.
[2]) *W. H. Edwards*, Butterflies of North America. 1868.

ihm von Kirby[1]) zu *Argynnis* gezogen. Butler stellte ihn mit ? zu *Junonia*. Seither aber hat Scudder[2]), dem unter den Entomologen der Neuzeit wohl die grösste Uebung in der Bestimmung paläontologischen Materials zu Gebote stand, auf Grund einer genauen Neuzeichnung des Fossils dasselbe neuerdings ausführlich discutirt und stellt dafür eine neue Gattung *Mylothrites* auf, wodurch seine Stellung im System aus der Familie der Nymphaliden in die der Papilioniden (Subfam. Pierinae) verlegt wird.

An die Verbreitung von Colias und Argynnis erinnert auch diejenige der Käfergattung *Carabus*.

Die vorstehend aufgeführten Beispiele von chorographischen Arealen, die mehrere der Wallace'schen Regionen beschlagen, sind um so bemerkenswerther, als die Lepidopteren in zuverlässiger Weise nicht über das ältere Tertiär hinaus fossil nachgewiesen sind. Die früher aus der Steinkohle angegebenen Fälle haben sich, nach Scudder[3]), als Bestimmungsfehler herausgestellt und sogar die Angaben von fossilen Schmetterlingen aus den jüngern mesozoischen Sedimenten lassen noch manches zu wünschen übrig.

Schliesslich möge noch erwähnt werden, dass die Erscheinung discontinuirlicher Areale da und dort auch im Innern einer und derselben zoogeographischen Region bei einer und derselben Art auftritt. Es mag genügen, hierfür ein paar Beispiele aus der paläarktischen Region anzuführen, auf die mich mein Freund Dr. M. Standfuss aufmerksam machte. So tritt *Pyrameis indica* Herbst, die in China und Nordindien fliegt, wieder in einer Varietät (*var. Vulcania* Godt.) auf den Canarischen Inseln auf, fehlt aber in dem ganzen ungeheuren Zwischenbereich. *Psyche quadrangularis* Christoph, welche insofern als schlechter Wanderer zu qualificiren ist, als überhaupt nur das Männchen flugfähig ist, während das flügellose Weibchen in seinem vierkantigen Sack an Ort und Stelle gebannt erscheint, und die früher nur aus der Gegend von Constantine in Algier und dann wieder aus dem Ural bekannt war, ist kürzlich von Dr. A. Stübel[4]) in einem todten Sack auch südlich von Damaskus aufgefunden worden, so dass die frühere Lücke des Areals in diesem Falle erheblich kleiner geworden ist. Der Raupensack dieser Art ist so characteristisch, dass an einen Irrthum der Bestimmung nicht zu denken ist.

---

[1]) *W. F. Kirby*, A synonymic Catalogue of Diurnal Lepidoptera. 1871.
[2]) *S. H. Scudder*, Fossil Butterflies p. 45 u. ff. in: Mem. of the Am. Assoc. for the Advanc. of Science. I. 1875.
[3]) *S. H. Scudder*, Systematic review of our present knowledge of Fossil Insects, in: Bull. U. S. Geolog. Survey Nr. 31. 1886. — Ausführlich behandelt sind diese zweifelhaften Stücke in Scudders grosser Arbeit: Fossil Butterflies etc. p. 88 u. ff.
[4]) *H. Calberla*, Verzeichniss der von Herrn Dr. A. Stübel in Palästina und Syrien gesammelten Lepidopteren in: Iris. Deutsch. ent. Zeitschr. 1891.

Coleopteren.

Der grosse Käfercatalog von Gemminger und v. Harold[1]) füllt, trotzdem er bloss die Namen der Arten aufzählt, zwölf Bände und schon heute weist er für manche Gegenden wesentliche Lücken auf, die zum Theil durch zahlreiche Supplemente von anderer Seite ergänzt worden sind. Das eingehende Studium der geographischen Verbreitung dieser Ordnung würde daher den Gegenstand einer sehr umfangreichen Arbeit bilden müssen. Hier kann es sich bloss darum handeln, auch für diese Gruppe von Landthieren in einigen wenigen, aber prägnanten Fällen die merkwürdige Persistenz einzelner scharf characterisirter generischer Typen in stark disjungirten Arealen nachzuweisen. Wollte man sich die Lösung dieser Aufgabe leicht machen, so brauchte man einfach aus dem vorstehend erwähnten Catalog von Gemminger und v. Harold aus denjenigen Gruppen, die notorisch schlechte Wanderer umfassen, die Gattungen zusammenzustellen, deren Arten über weit getrennte Erdräume vertheilt sind und die Anzahl der auf diese Weise verwendbaren Gattungen wäre eine überraschend grosse.

Es ist auch anzunehmen, dass die Autoren des mehrgenannten classischen Cataloges die Arten nicht ohne bestmögliche Kritik in den betreffenden Gattungen untergebracht haben und dass sie namentlich einer weitgehenden Auflösung der Verbreitungsareale einen bedeutenden Grad von systematischer Scepsis instinctiv entgegenbrachten. Dennoch aber wäre eine derartige, nicht auf specieller Kenntniss der betreffenden Gattungen und auf Autopsie beruhende Benützung des Gemminger-v. Haroldschen Werkes zu zoogeographischen Zwecken nicht ohne schwere Bedenken. Denn erstlich wären Irrthümer in der Zutheilung der Arten zu den Gattungen und unrichtige Vaterlandsangaben eben nicht mit der nöthigen Sicherheit auszuschliessen, und die Unkenntniss der biologischen Verhältnisse würde sich im einzelnen Falle ebenfalls störend geltend machen.

Glücklicherweise wird gerade bei den Coleopteren die Aufgabe des Zoogeographen wesentlich erleichtert durch den günstigen Umstand, dass für manche Gruppen dieser Ordnung oder für einzelne Faunengebiete schon tüchtige und zuverlässige Monographien vorliegen, und dass auch die Verbreitung der Käfer zum Gegenstand specieller Arbeiten gemacht worden ist. In früheren Jahren war es namentlich der um die Zoogeographie sehr verdiente englische Naturforscher Andrew Murray, der in verschiedenen Arbeiten[2]) auch dieser Gruppe seine besondere Aufmerk-

---

[1]) *Dr. Gemminger et B. de Harold*, Catalogus coleopterorum hucusque descriptorum synonymicus et systematicus. 1868—76.

[2]) *A. Murray*, Geogr. relations of the Coleopt. of Old Calabar in: Trans. Linn. Soc. vol. XXIII. 1862; id., On the Geograph. Relat. of the Chief Coleopterous Faunae, in: Journ. of the Linn. Soc. (Zool.) vol. XI. 1870. Vgl. dazu: *R. Trimen*, Note on a paper by Andrew Murray „On the Geographical Relations of the Chief Coleopterous Faunae" in: Journ. Linn. Soc. vol. XI. 1870.

samkeit widmete. Murray war z. B. der erste, der die geographischen Beziehungen der Käfer von Old Calabar (tropisches Afrika) zu denen von Brasilien nachwies und für beide Gegenden eine Anzahl theils identischer, theils nahe verwandter Gattungen constatirte und in spätern Arbeiten hat er auf noch ausgedehnterer Basis die Chorographie der Coleopteren untersucht. In neuerer Zeit (1886) untersuchte A. Preudhomme de Borre [1]) die geographische Verbreitung der Trogiden und stellte die Areale einzelner Gattungen kartographisch dar. Kürzlich hat auch J. Bourgeois die geographische Verbreitung scizzirt und kartographisch veranschaulicht.[2]) Ferner ist auf Veranlassung von Professor Marshall von Dr. E. Hahn [3]) eine specielle chorographische Arbeit über die coprophagen Lamellicornier, zu denen auch die vorerwähnten Trogiden gehören, erschienen, die manche interessante Beziehungen zwischen den verschiedenen Faunengebieten aufdeckte. Allerdings betrifft sie eine Gruppe, die grossentheils gute und active Flieger umfasst und die daher für zoogeographische Zwecke vielleicht weniger günstig war, als manche andere.

Die Beispiele von Gattungen, deren Arten über mehrere zoogeographische Regionen vertheilt sind und an weit von einander getrennten Erdstellen vorkommen, sind bei den Käfern so zahlreich und decken sich so häufig mit ähnlichen, schon früher bei andern Invertebraten-Gruppen erwähnten, dass eine kleine Auswahl hier vollständig genügen dürfte.

An die Verbreitung der Tagfalter-Gattungen *Colias* und *Brenthis* erinnert in auffallender Weise diejenige der Laufkäfergattung *Carabus* L. (sensu stricto), die besonders instructiv ist, weil sie Thiere umfasst, die zwar gute Läufer, dagegen aber des Flugvermögens vollständig beraubt sind, indem nicht nur ihre Hinterflügel ganz verkümmert, sondern zuweilen auch die Flügeldecken beider Seiten miteinander verwachsen sind. Das Areal der ächten Carabus-Arten bildet zunächst einen circumpolaren Ring über die paläarktische und nearktische Region, wo die Gattung in reicher specifischer Entwicklung hauptsächlich im Gebirge auftritt. Sie fehlt dann auf amerikanischem Boden von Mexico an südwärts, tritt jedoch in den chilenischen Anden und auf der Insel Chiloë neuerdings in einigen Arten auf, die in neuerer Zeit besonders durch Professor Gerstäcker und v. Kraatz sorgfältig untersucht wurden. Man könnte nun geneigt sein, dieses isolirte Auftreten von ächten Carabus-Arten im Süden der neotropischen Region ebenfalls einfach für eine recente, postglaciale Einwanderung zu erklären, wie dasjenige von Colias und Brenthis, und in der That können die Thiere ja auch thatsächlich erst nach dem heutigen

---

[1]) *A. Preudhomme de Borre*, Catalogue des Trogides décrits jusqu'à ce jour. In: Ann. Soc. Entom. Belg. t. XXX. 1886.

[2]) *J. Bourgeois*, Etudes sur la Distribution géographique des Malacodermes. I. Lycides, in: Ann. soc. ent. de France 1891, p. 337 u. ff.

[3]) *E. Hahn*, Die geographische Verbreitung der coprophagen Lamellicornier. 1887.

Rückzug der notialen Gletscher, diesen folgend, in's Gebirge aufgestiegen sein. Es wird ferner der Umstand in Betracht fallen, dass die Gattung *Carabus* überhaupt ein relativ junger Zweig der Calosomiden zu sein scheint, denn so reich entwickelt die heute noch fast cosmopolitische Gattung *Calosoma* Web. auch schon im mittlern Tertiär erscheint, so ist dagegen Carabus bis jetzt auffallenderweise aus dem Tertiär nicht bekannt. Doch kann sich das durch weitere Funde noch ändern, und dass trotzdem die Existenz der Gattung Carabus im notialen Gebiete älter sein kann, als die chilenische Gletscherzeit, wird dadurch wahrscheinlich gemacht, dass von *Carabus*, grade wie von Argynnis, eine ganz isolirte, von ihren borealen Verwandten weit getrennte Art in 8000 Fuss Höhe am Kilimandjaro von Dr. Kersten aufgefunden wurde, die Dr. Gerstäcker[1]) beschrieben und abgebildet hat. Dass dieselbe im Habitus von allen bekannten Arten der Gattung etwas abweichend ist, spricht für die lange Dauer der Isolirung.

Herr Champion in London macht mich auf die Carabiden-Gattung *Pseudomorpha* Guér. aufmerksam, die einer sehr auffälligen, hauptsächlich für die australische Region characteristischen Gruppe angehört, seltsamerweise aber auch einige Arten in Mexico und Nordamerika zählt und dergestalt dem merkwürdigen australischen Elemente im pacifischen Theile der nearktischen Fauna angehört, dem man auch in andern Thiergruppen begegnet, trotzdem es im Norden nicht die Entwicklung besitzt, wie in der pacifisch-neotropischen Fauna.

Die schon früher für die Uraniden erwähnte Gemeinsamkeit von Typen zwischen der Fauna von Madagaskar und Südamerika wiederholt sich in schöner Weise bei der Cicindeliden-Gattung *Peridexia* Chaud., deren wenige (5) Arten sich in Bolivia und Brasilien einerseits, in Madagaskar andererseits vorfinden. Als vicarirende Typen sind die ebenfalls den Sandlaufkäfern zugehörigen Gattungen *Pogonostoma* Klug in Madagaskar und *Ctenostoma* Klug im neotropischen Amerika zu betrachten.

Zahlreich sind die Fälle, wo dieselbe Gattung im neotropischen Theile Amerika's einerseits, in Australien andererseits Vertreter besitzt. Dahin gehören z. B. die artenarmen Buprestiden-Gattungen *Curis* Cost. et Gory und *Acherusia* Cost. et Gory, die Malacodermiden-Gattung *Rhipidocera* Latr., die ebenfalls artenarme Cleriden-Gattung *Natalis* Casteln., die Elateriden-Gattung *Horistonotus* Cand. und andere. Die Trogiden-Untergattung *Omorgus* besitzt ihre Arten in ganz Amerika bis nach Patagonien hinab, dann wieder in Australien, in Südasien und in Afrika. Die südamerikanische Trogiden-Gattung *Cloeotus* hat einen Vertreter (*Cl. variolosus* Harold) in Pulo Penang; »ce qui est fort remarquable«, setzt der Monograph dieser Familie, Preudhomme de Borre, beim Registriren

---

[1]) In: C. C. Von der Decken's Reisen in Ostafrika. Bd. III 2. Abth. p. 56. und 57. Taf. IV Fig. 2 (1873).

dieser Thatsache hinzu. In grösserem Maassstabe wiederholt sich diese Verbreitung bei der Lyciden-Gattung *Plateros* Bourg., deren Arten Amerika von Canada bis nach Argentinien hinab bewohnen, die aber auch je eine Art in China und Hinterindien, und drei Arten in Japan besitzt.

Eine sehr characteristische Verbreitung für die uns beschäftigenden Fragen besitzt auch, wie schon Hahn hervorhebt, die Menthophiliden-Gattung *Epilissus* Dej., die gegenwärtig ihre grösste, übrigens immer noch bescheidene Artenzahl in Madagaskar besitzt, während sie mit je ein paar Arten auch im continentalen Südafrika, in Brasilien und in Neu-Seeland vertreten ist.

Sehr bezeichnende Fälle von disjungirten Arealen liefern verschiedene Gattungen der so auffallenden und characteristischen Familie der *Brenthiden*. Es wiederholen sich hier grossentheils die schon bei andern Gruppen constatirten Erscheinungen. Die Gattung *Brenthus* Fab. selbst, von der ich in Guatemala einige Arten zahlreich unter der Rinde von Bäumen sammelte, besitzt z. B. ein paar Formen in Madagaskar (*B. Coquereli* Fairm.) und in Südafrika (*B. vittipennis* Fåhrs.). *Trachelizus* Schönh. zählt Arten im tropischen Amerika (Westindien, Mexico, Brasilien), in Australien, Neu-Caledonien, auf der Woodlark-Insel, in Borneo, Java, Sumatra und auf Madagaskar. Ebenso vertheilen sich die Arten von *Arrhenodes* Schönh. auf Centralamerika und das tropische Südamerika, auf Neu-Caledonien, Ceylon und Gabun. Ein Theil der neotropischen Brenthiden-Gattungen ist durch nahestehende Genera im indomalaischen Gebiet, beziehungsweise auch in Afrika mit Madagaskar und in Neu-Seeland (*Lasiorhynchus* Lac.) vertreten.

Herrn G. C. Champion in London, der sich speciell mit dem Studium der Heteromeren beschäftigt, verdanke ich einige Beispiele von auffallender Verbreitung unter den Gattungen dieser Gruppe: So ist die gut characterisirte Tenebrioniden-Gattung *Enneboeus* Waterh. mit 2 Arten in Tasmanien und mit je einer in Mexico, Panama und Columbien vertreten. Es ist dabei, wie Herr Champion speciell hervorhebt, nicht an Verschleppung durch Schiffe zu denken. Die Tenebrioniden-Gattung *Doliema* Pascoe hat Vertreter in Nord-, Central- und Südamerika einerseits und in Manila und Indonesien anderseits.

Eines der schönsten mir für die Coleopteren bekannten Beispiele einer durch alle Tropengebiete gehenden Verbreitung bei einem durchaus auffälligen, systematisch isolirten und gut characterisirten Gattungstypus bietet die Lymexyloniden-Gattung *Atractocerus* Pol. de Beauv., deren Arten (circa 15) nicht sehr zahlreich sind. Atractocerus-Arten kommen vor: im tropischen Afrika (Sierra Leone, Guinea, Kamerun, Limpopo-Gebiet, Mozambique, Madagaskar), in Ceylon, Java, Sumatra, auf den Molukken, in Australien, im neotropischen Amerika von Chile durch Brasilien und Westindien bis Guatemala und Mexico hinauf. Wie wir später sehen werden, erinnert die Verbreitung von Atractocerus stark an diejenige der Gamasiden-Gattung *Megisthanus*. Die Atractocerus-Arten sind, wie ich mich an einer in Guatemala nicht seltenen Art (*A. brasiliensis* Serv.) überzeugte, bescheidene Flieger, die ausschliesslich Nachts schwärmen und alsdann nach Art vieler anderer Nachtinsecten ans Licht kommen. Bei Tage sitzen sie ziemlich regungslos an Wänden und Mauern, halten sich auch möglicherweise im Holze versteckt. Die eigenthümliche Verbreitung, die schon Lacordaire auffiel, lässt auf ein hohes geologisches Alter dieses merkwürdigen Typus schliessen und in der That wird Atractocerus schon aus dem baltischen Bernstein angegeben.

Die angeführten Beispiele mögen für diese Gruppe genügen. Wann einmal die Tausende von Käferarten, die heute noch unbestimmt in den Sammlungen stecken, beschrieben und systematisch eingereiht sein werden, dann werden sich zweifellos noch manche interessante zoogeographische Resultate für diese an Formen so überreiche Gruppe ergeben und die Gesetze ihrer Verbreitung werden sich klarer abheben, als heutzutage.

Hymenopteren.

Die artenreiche Schaar der aderflügligen Insecten umfasst einerseits Formen von mikroskopischer Kleinheit (viele Proctotrupier), überschreitet aber anderseits Längen von 8 cm nicht. In der überwiegenden Mehrzahl der Fälle sind die Geschlechtsthiere geflügelt und zwar während ihrer ganzen Lebensdauer, in andern Fällen kommt ein Abwerfen der Flügel vor (Ameisen, Proctotrupier), das an die Verhältnisse bei den Geschlechtsthieren der Termiten erinnert. Geschlechtsthiere mit ganz fehlenden oder verkümmerten Flügeln, und zwar vorwiegend, aber nicht ausschliesslich, die Weibchen, finden sich nur bei kleinen Arten einiger Gruppen, wie der Proctotrupier, z. B. *Codrus*, *Microps*, *Gonatopus*, bei einigen Cynipiden (*Biorrhiza aptera* F., *Allotria* Westw.), einigen Ichneumoniden (*Pezomachus* Gr.), Ameisen, Thynniden und den Mutillen. Bei einigen Gattungen ist die Erhaltung der Art an einen complicirten Parasitismus gebunden (z. B. *Allotria* Westw. unter den Cynipiden, bei Torymiden und andere Chalcidiern). Dieser geht soweit, dass, wie Lubbock[1]) zuerst beobachtete, ein geflügeltes parasitisches Mikrohymenopteron, *Anaphes* (*Polynema*) *natans* Lub., ganz entgegen den Gewohnheiten seiner Sippe, sogar unter Wasser taucht und sich der Flügel zum Schwimmen bedient. Eine andere von Lubbock beobachtete und beschriebene Art (*Prestwichia aquatica* Lub.) taucht zwar ebenfalls unter, hält aber dabei die Flügel ruhig.

Die meisten Arten leben isolirt, bei einigen Familien (Formiciden, einige Gruppen der Vespiden und Apiden) hat sich indessen ein in verschiedenem Grade entwickelter Gesellschaftsstaat herausgebildet.

---
[1] *J. Lubbock*, On two Aquatic Hymenoptera, one of which uses its wings in swimming, in: Trans. Lin. Soc. Lond. 1863.

Die activen migratorischen Fähigkeiten der Hymenopteren müssen im Grossen und Ganzen als sehr gute bezeichnet werden; sie werden in ihrer Wirkung unterstützt durch einen beträchtlichen Grad thermischer Indifferenz, der jedoch immerhin hinter demjenigen einiger Gruppen der Apteren, wie Myriopoden, Spinnen und Milben zurückbleibt. Die Zahl der generischen Typen, welche eine sehr weite, mehrere Regionen umfassende Verbreitung erlangt haben, ist daher relativ gross, und hauptsächlich zeichnen sich einige der socialen und parasitischen Formen in dieser Hinsicht aus.

In faunistischer und systematischer Beziehung sind die einzelnen Gruppen noch sehr ungleich bekannt, indessen haben einige der auffälligern und biologisch interessantern Typen in der Hand ausgezeichneter Specialisten bereits einen hinlänglich hohen Grad wissenschaftlicher Durcharbeitung erfahren, um für zoogeographische Zwecke verwendbar zu sein.

Auch hier beschränken wir uns auf einige wenige characteristische und auffällige Beispiele aus der grossen Zahl der sich bei dieser Gruppe darbietenden, für unser Thema wichtigen Fälle.

Von besonderem Interesse scheinen mir hier eine Anzahl von kleinen, d. h. artenarmen, systematisch gut characterisirten und dabei versteckt lebenden und wenig flugkräftigen Ameisen-Gattungen zu sein, da mir hierüber zuverlässige Angaben durch meinen Freund, Prof. A. Forel, vorliegen, der sich die Mühe nahm, seine reichhaltige Sammlung mit mir speciell auf solche Gattungen zu durchgehen. Die nachfolgenden Mittheilungen beruhen daher fast ausschliesslich auf Forels Angaben.

Die Camponotiden-Gattung *Oecophylla* Smith, von der bis jetzt nur eine Art (*Oe. smaragdina* Fab.) bekannt ist, ist in dieser über das tropische Afrika und zwar an der West- und Ostküste, dann über Indien und die Sunda-Inseln und endlich über Australien verbreitet, sie fehlt dagegen in Amerika. Die weite Verbreitung ist in diesem Falle nicht auf Verschleppung durch den Schiffsverkehr zurückzuführen und die specifische Differenzirung hat bereits soweit begonnen, dass Emery zwei Rassen, eine afrikanische und eine australische, aus dieser Art gebildet hat.

Die Gattung *Myrmecocystus* Wesm. (Camponotidae), die in mehreren Rassen ihre grösste Verbreitung im südpaläarktischen Gebiet (Mittelmeerfauna) erreicht, tritt in einigen abweichenden Formen in Australien (*M. eneoviren* Lowne in Queensland und Sidney und *M. irisdescens* Em. in New South Wales) wieder auf und ist nun auch durch neuere Entdeckungen in einer amerikanischen Gruppe (*M. melliger* Llave und *M. hortus deorum* Mc Cook) aus dem Innern des südwestlichen Nordamerika bekannt geworden.

Die wenigen Arten der Camponotiden-Gattung *Plagiolepis* Mayr vertheilen sich auf Südeuropa (*Pl. pygmaea* Latr. mit einer Varietät in Madagaskar) auf das tropische Afrika (*P. custodiens* Smith), auf Südwestafrika (*P. fallax* Mayr in Angra Pequena), auf Vorderindien (*P. exigua*

For. [in litt.] in Deccan) und Indonesien bis zu den Tonga-Inseln (*P. longipes* Jerdon). Als vicarirende Nebengattung von *Plagiolepis* ist *Myrmelachista* Rog. zu betrachten, die mit einer Reihe von Arten die tropischen und subtropischen Urwälder von Südamerika bewohnt. Ebenfalls sehr nahe mit Plagiolepis verwandt ist *Acantholepis* Mayr, deren wenige Arten sich auf die paläarktische Region und auf Afrika mit Madagaskar vertheilen. Interessant ist dabei die Thatsache, dass eine Art (*A. simplex* For.) sowohl in Madagaskar als im continentalen Indien lebt.

Die Gattung *Technomyrmex* Mayr bestätigt ebenfalls die vielfachen Beziehungen der madagassischen zur indisch-malaischen Fauna, indem sie sowohl in Madagaskar als im continentalen Indien und auf den Sunda-Inseln vertreten ist. Ihre Untergattung *Paranyscia* Em. ist mit je einer Species in Kleinasien, in Indien, in Madagaskar und in Südafrika vertreten.

Das Genus *Mystrium* Rog. besitzt eine Art in Madagaskar, eine zweite in Birma.

Die Poneriden-Gattung *Amblyopone* Erichs. (sensu stricto) ist in ein paar Arten auf die Sunda-Inseln einerseits und auf Australien mit Van Diemensland andererseits beschränkt. Sie ist dagegen in ihrer Untergattung *Stigmatomma* Rog. auch in Süd- und Ost-Europa, Südindien, Nordamerika, Brasilien, Chile, Neu-Seeland, und zwar je mit einer Art, vertreten.

Die Gattung *Dorylus* F. bewohnt Afrika vom Norden bis zum Cap, fehlt aber in Madagaskar, tritt dagegen in Indien wieder auf. Ihr nahe verwandt ist *Aenictus* Shuck., welche in Afrika, hauptsächlich aber in Indien und den Sunda-Inseln vertreten ist. Vicarirend tritt in Amerika die nahe mit *Aenictus* verwandte Gattung *Labidus* Jur. (= *Eciton* Latr.) auf, welche die amerikanischen Wanderameisen umfasst, während Dorylus und Aenictus die afrikanischen und asiatischen Wanderameisen in sich begreifen. Dagegen fehlen Doryliden bis jetzt aus Australien, Neu-Seeland und Madagaskar.

Auch die Familie der Dolichoderiden zeigt in ihrer Verbreitung manches auffallende, hauptsächlich auch dadurch, dass bis jetzt keine Vertreter derselben aus Afrika (ausser dessen paläarktischem Theile) und Neu-Seeland bekannt sind. Die Gattung *Dolichoderus* Lund sensu stricto ist, trotzdem sie keine cosmopolitische Art aufzuweisen hat und sehr versteckt lebt, dennoch weit verbreitet und in jeweilig verschiedenen Arten in Europa, Algier und Sibirien, in Indien und auf den Sundainseln, in Australien, ferner in Nord-, Mittel- und Süd-Amerika vertreten. Die ebenfalls zu den Dolichoderiden gehörige Gattung *Iridomyrmex* Mayr hat ihre Arten über ganz Amerika, über Neu-Guinea, die Aru-Inseln, Australien (Neu-Süd-Wales) und Indien zerstreut. *Bothriomyrmex* Em., ebenfalls artenarm, ist in Südeuropa, dem continentalen Indien und Australien nachgewiesen. Als vicarirende Gattungen fungiren die exclusiv amerikanischen Dolichoderiden-Genera *Dorymyrmex* Mayr und *Azteca* For. und die auf Australien und Neu-Caledonien beschränkte Gattung *Leptomyrmex* Mayr.

Eine ebenfalls zoogeographisch interessante Gruppe der Poneriden bildet die Gattung *Odontomachus* Latr., die sowohl in Amerika als auf den Sunda-Inseln und in Australien vertreten ist. Eine Art (*O. haematodes* L.), die ich selbst in Guatemala bis hoch ins Gebirge hinauf (2500 m) zahlreich gesammelt habe, ist merkwürdigerweise ein Cosmopolit in allen Tropengebieten und bildet im continentalen Afrika den einzigen Vertreter dieser Gattung, die in Madagaskar nur in einer ganz abweichenden Form (*O. Coquereli* Rog.) auftritt, für die Emery sogar einen eigenen Gruppennamen, *Champsomyrmex*, vorgeschlagen hat. Ich gestehe, dass mir gerade bei dieser, allerdings grossen und beweglichen Ameise das cosmopolitische Vorkommen besonders auffallend und unerklärlich ist, da an eine recente Verschleppung durch den Menschen sicher nicht zu denken ist, indem *O. haematodes* durch seine Lebensgewohnheiten ein durchaus wildlebendes, mit dem Menschen in keine nähern Beziehungen tretendes Thier ist. Viel eher, als eine Verschleppung durch den Menschen, bin ich in diesem Falle geneigt, eine ungewöhnliche Stabilität des Art-Typus anzunehmen, der sich allerdings in eine Gruppe von Localformen aufzulösen beginnt. Vor kurzem hat Emery eine neue mit *O. haematodes* sehr nahe verwandte Art (*O. Bauri*) von den durch ihre Fauna so ausgezeichneten Galápagos-Inseln beschrieben.[1]

Phylogenetisch ganz nahe mit *Odontomachus* verwandt ist die Gattung *Anochetus* Mayr, die in Südeuropa, Afrika, Madagaskar, Indien, Australien und auf den Sámoa-Inseln specifisch verschiedene Vertreter besitzt, aber bemerkenswerther Weise auch in Westindien, auf den Inseln St. Thomas (*A. Mayri* Em.) und St. Vincent, ferner in Trinidad (*A. inermis* André), in Costarica (*A. striatulus* Em.), in Venezuela (*A. Simoni* Em.) und in Südbrasilien (*A. altisquamis* Mayr u. A.) in besonderen Arten vorkommt. Als vicarirende Zwischenform zwischen *Odontomachus* und *Anochetus* ist die auf Amerika beschränkte Untergattung *Stenomyrmex* Mayr zu betrachten. Alle die genannten Odontomachiden-Gattungen bilden eine engverwandte, gut characterisirte Gruppe.

Die Gattung *Diacama* Mayr (Poneridae) umfasst Arten im continentalen Indien bis zum Himalaya, auf den Sunda-Inseln und in Australien.

Die Poneriden-Gattung *Leptogenys* Rog. hat Arten im tropischen Amerika, in Madagaskar, im tropisch-continentalen Afrika (Somali-Land), auf Mauritius, auf den Sunda-Inseln, in Indien und in Hawaii. Eine Art (*L. falcigera* Rog.) lebt gleichzeitig in Ceylon, Sumatra und Madagaskar. Dagegen sind bis jetzt keine australischen *Leptogenys*-Arten bekannt. Die sehr nahe verwandte Gattung *Lobopelta* Mayr dagegen, die im übrigen dieselben Gegenden bewohnt, wie *Leptogenys*, besitzt auch australische Vertreter.

---

[1] C. *Emery*, Notice sur quelques Fourmis des îles Galapagos. In: Ann. soc. ent. de France, vol. LXII 1893 p. 90.

Die paar Arten der Gattung *Platythyrea* Rog. sind auf das neotropische Amerika (Mexico, Guatemala, Surinam, Haiti), Afrika (Sierra Leone, Sansibar, Capland), Indien und Ceylon vertheilt. Dagegen fehlt die Gattung in Australien und Madagaskar.

Die ebenfalls zu den Ponerideu gehörige Gattung *Ectatomma* Smith ist in eine Reihe von Subgenern aufgelöst worden, die meist vicarirend verschiedene zoogeographische Regionen bewohnen. So umfasst das Subgen. *Ectatomma* sensu stricto nur amerikanische Arten (Brasilien, Columbien, Venezuela), die Arten des Subgen. *Rhytidoponera* Mayr leben in Neu-Seeland, Neu-Caledonien, Neu-Guinea, Australien (Queensland) und Borneo, *Stictoponera* Mayr findet sich in Celebes (Menado) und Burma, *Holcoponera* Mayr und *Gnamptogenys* Rog. sind wie Ectatomma auf Amerika beschränkt. Dagegen bewohnen die paar Arten des Subgen. *Acanthoponera* Mayr das südlichste Südamerika und eine Art findet sich auch in Neu-Seeland.

Eine wohl characterisirte und systematisch isolirte Poneriden-Gattung ist *Cerapachys* Sm. Ihre typischen Arten bewohnen Indien, Malakka (Tenasserim), Süd-China (Hongkong), die Sunda-Inseln und Madagaskar. Auf letzterer Insel ist die Gattung ausserdem noch durch das Subgen. *Simopone* For. vertreten, und in Amerika tritt dafür vicarirend das Subgen. *Cylindromyrmex* Mayr auf, von dem bloss drei Arten bekannt sind.

Eine mehrere Regionen umfassende Verbreitung zeigt ferner die Myrmiciden-Gattung *Strumigenys* Smith, die in je besondern Arten in Europa, dem continentalen Asien, Ceylon, Amboina, Neu-Seeland, Upolu, Nord- und Süd-Amerika auftritt. Dagegen fehlt die Gattung der afrikanischen Fauna. Ganz nahe mit Strumigenys verwandt sind die tropischamerikanischen Gattungen *Rhopalothrix* Mayr, *Acanthognathus* Mayr und *Daceton* Perty, während *Oryctognathus* Smith, ebenfalls zu den Dacetoninen gehörig, vicarirend in Neu-Seeland auftritt.

Einen ganz isolirten Typus bildet unter den Myrmiciden die Gattung *Cataulacus* Smith, die in Afrika, Madagaskar, Indien und den Sunda-Inseln Vertreter zählt, während Australien und Amerika in ihrem Areale fehlen.

Eine alte und weit verbreitete Myrmiciden-Gattung ist *Tetramorium* Mayr, welche paläarktische, afrikanische, madagassische, indische, singalesische und indonesische Formen umfasst, aber mit einigen Arten auch auf den Tonga-Inseln und in Amerika auftritt. Aus ihr sind wahrscheinlich die specifisch amerikanischen Cryptoceriden (*Cryptocerus* Latr. und *Procryptocerus* Em.), sowie die Gattung *Meranoplus* Smith hervorgegangen, welche in Australien und den Sunda-Inseln, dann aber auch in Madagaskar und Afrika die Cryptoceriden vertritt. Ein ähnliches Verhältniss waltet zwischen den ebenfalls mit Tetramorium verwandten Gattungen *Pogonomyrmex* Mayr und *Ocymyrmex* Em. ob, indem erstere nur in Amerika, letztere dagegen dafür stellvertretend in Afrika auftritt. Die Gattung *Leptothorax* Mayr dagegen ist zunächst nearktisch und paläarktisch, sie tritt aber auch in Brasilien und Madagaskar auf. Leptothorax erfreut sich einer beträchtlichen thermischen Indifferenz. Ich fand im Februar 1881 eine neue Art dieser Gattung (*L. Stolli* For.) im Krater des Volcan de Agua in Guatemala unter Steinen, sie hatte zu dieser Zeit, trotz der bittern Kälte, ihre geflügelten Geschlechtsthiere entwickelt.

Die neue Myrmiciden-Gattung *Triglyphothrix* For. umfasst nur zwei Arten, wovon die eine in Indien, die andere in Afrika lebt.

Ein recht characteristisches Beispiel für die uns beschäftigende Frage liefert die Gattung *Cardiocondyla* Em. Sie umfasst nur wenige Arten und diese sind zu activer Wanderung wenig geeignet, da die Männchen ungeflügelt sind. Trotzdem vertheilen sich ihre Arten auf Süd-Europa, Afrika, Palästina, Turkestan, Indien, Madagaskar, Oceanien und Westindien.

Die ächten *Pseudomyrma* (Guér.) -Arten sind alle amerikanisch, dagegen tritt dafür vicarirend die Gattung *Sima* Rog. in Süd-Afrika, Madagaskar, Indien und Australien auf, und beide Gattungen stehen sich noch so nahe, dass man sie fast nicht unterscheiden kann.

Die Gattung *Carebara* Westw. besitzt eine Art in Afrika, eine zweite in Asien; nun hat Mayr eine neue Gattung *Tranopelta* aufgestellt, die mit *Carebara* sehr nahe verwandt ist und diese in Amerika (Columbien) vertritt.

Von den zwar sehr characteristischen, aber durch ihren Artenreichthum für unsere Frage weniger bezeichnenden Gattungen *Pheidole* Westw. und *Cremastogaster* Lund, die beide noch die Südschweiz erreichen. wollen wir nur noch kurz anführen, dass sie in jeweilen besonderen Arten in allen grossen Regionen auftreten. Ihre Verbreitung ist im Ganzen übereinstimmend durch alle würmern Gebiete der Erde, bloss fehlt Pheidole in Neu-Seeland. Am artenreichsten treten die beiden Gattungen im tropischen Amerika und im continentalen Indien auf.

Es erübrigt uns noch, jetzt, nachdem wir einige bezeichnende Fälle von disjungirten Arealen bei den Ameisen zusammengestellt haben, einige Beispiele einer cosmopolitischen Verbreitung bestimmter Arten anzuführen. Bei einigen derselben ist die Verbreitung unzweifelhaft durch den Schiffs- und Waarenverkehr erfolgt, wie z. B. bei den folgenden: *Prenolepis longicornis* Latr., *Pr. vividula* Nyl., *Pheidole megacephala* Fab., *Monomorium pharaonis* L., *Tapinoma melanocephala* Fabr., *Tetramorium guineense* Fabr., *Tetramorium simillimum* Nyl.

Bei einer zweiten Kategorie von Arten ist dagegen die Verbreitung durch den Menschen nicht sicher, da bereits eine Zerfällung in Localrassen einzutreten beginnt. Dahin gehört z. B. der schon erwähnte

Odontomachus haematodes L. und *Solenopsis geminata* F., welch' letztere Art in Afrika (Senegal), in Indien, in Australien und in Amerika vorkommt.

Eine dritte Form des Cosmopolitismus repräsentirt *Camponotus maculatus* F., der nicht mehr als gesonderte Art, sondern als colossale, in zahllose Varietäten zerfallene Rassengruppe über die ganze Welt verbreitet ist.

Vor einigen Jahren hat Dr. H. v. Jhering, gestützt auf seine Erfahrungen über die Ameisenfauna von Rio Grande do Sul in einer wichtigen Arbeit[1]) auch einige allgemeinere zoogeographische Fragen erörtert, und ist dabei zu Resultaten gekommen, die noch in den „Schlussbetrachtungen" berührt werden sollen.

Ganz ähnliche Erscheinungen disjungirter Areale, wie die eben für die Ameisen constatirten, lassen sich nun auch für andere Gruppen der Hymenopteren nachweisen. So ist z. B. die Chalcidier-Gattung *Leucospis* Fabr., die einen scharf characterisirten, durch die nach oben und vorn gekrümmte, in einer Rückenrinne des Hinterleibes ruhende Legeröhre (ein Verhalten, das in ähnlicher Weise nur noch bei der parasitischen Cynipiden-Gattung *Ibalia* Ltr. vorkommt) durchaus auffälligen Typus darstellt, ebenfalls durch mehrere Regionen verbreitet. Sie besitzt Arten in Süd-Europa, von denen eine (*L. dorsigera* F.) auch bei uns vorkommt, in Nord-Afrika von Marocco bis Aegypten, in Arabien, in Ostindien, im nearktischen Amerika bis Mexico und Guatemala hinab, wo ich eine Art als Schmarotzerin bei Mauerbienen im westlichen Tieflande wiederholt gefangen habe; sie tritt dann wieder auf im Capland und in Chile. In Südamerika ist sie durch die nahe verwandte Gattung *Polistomorpha* West. (*P. cayennensis* Westw. in Cayenne und *P. surinamensis* Westw. in Surinam) vertreten.

Einen nicht weniger scharf markirten generischen Typus als Leucospis bildet die Gattung *Evania* Fabr., von der bei uns nur ein paar kleine Arten (*E. appendigaster* L. u. A.) vorkommen, die aber in tropischen Ländern eine erheblich stattlichere Entwicklung erreicht. Ich habe eine ihrer Arten mitunter in Guatemala als Schmarotzer von grossen Blattiden gefangen. Aechte und specifisch verschiedene Evania-Arten finden sich in Mittel- und Süd-Europa, in Aegypten, in Abessinien, in Südafrika, in Ostindien, auf Ceylon, auf den Philippinen, auf den Schiffer-Inseln, in Mexico, Guatemala, Cuba, Chile, Neu-Holland, Van Diemensland und Mauritius. Der neueste Monograph der Gattung Evania, Schletterer, macht auf den Parallelismus der aus den einzelnen zoogeographischen Regionen bekannten Zahl der Blattiden-Arten, d. h. der Wirthsthiere von Evania und derjenigen der Evania-Arten selbst aufmerksam. So hat

---

[1]) *H. v. Jhering*, Die Ameisen von Rio Grande do Sul, in: Berl. ent. Zeitschr. Bd. XXXIX 1894 Heft III p. 321 u. ff.

z. B. die neotropische Region sowohl die grösste Anzahl von Blattiden-Arten (181) und auch die grösste Zahl der Evanien (47). Auch in der Körpergrösse beider waltet ein ähnlicher Parallelismus: „Australien mit seinen auffallend grossen Blattidenformen hat auch die weitaus grössten Evania-Thiere."

Es ist zu bemerken, dass die europäische *Evania appendigaster* L. gegenwärtig fast cosmopolitisch ist. Offenbar ist sie mit ihren Wirthen, den Kakerlakken, (*Periplaneta americana, P. orientalis* u. *Panchlora Madeira*) durch die Schiffe über alle zoogeographischen Regionen verbreitet worden. *Evania* wird von Burmeister schon aus dem baltischen Bernstein angegeben.

Man rechnet gewöhnlich zu den Evaniiden[1]) auch noch ein paar andere prägnante, isolirte und artenarme Gattungen, die man sonst nirgends passend unterbringen kann, wie *Gasteruption* (= *Foenus* Fabr.) und *Aulacus* Jur., die ebenfalls eine auffallende Verbreitung besitzen. So ist die Gattung *Gasteruption*, von der auch wir ein paar Arten (*jaculator* L. und *assectator* L.) besitzen, in andern Arten constatirt in Nordafrika, am Senegal, an der Goldküste, am Cap der Guten Hoffnung, in West- und Centralasien, in Bengalen, in China, in Neu-Holland und Van Diemens-land, in Amboina und den Aru-Inseln, in Nordamerika, Mexico und Centralamerika, in Columbien, Brasilien und Chile. Die spärlichen *Aulacus*-Arten kommen, stets als Seltenheiten, vor in Mittel- und Süd-Europa, in Nordafrika (Tunis) und am Cap der Guten Hoffnung, in Singapore und Ceylon, in Neu-Holland und Tasmanien, in Mexico, Guatemala, Cayenne, Brasilien und Chile, in Nordamerika bis Vancouver und Canada (Hudsonsbai) hinauf.[2])

Die ziemlich isolirt stehende, auffallende und nur in wenigen Arten bekannte Gattung *Trigonalys* Westw., von der ein einziger Vertreter (*Tr. Hahni* Spin.) sich auch bei uns findet, ist ausserdem nur noch aus Südamerika (Bahia, Surinam, Cayenne) bekannt und wiederholt auf diese Weise einigermassen die Verbreitungsweise der Tagfalter-Gruppe *Leucophasia-Dismorphia*.

Eine weitere anomale, nirgends ganz passend unterzubringende Hymenopteren-Gattung ist *Stephanus* Jur. Ihre wenigen bekannten Arten, z. Th. zur Untergattung *Megischus* Brullé gehörig, leben in Europa und Westasien, in Ostindien, den Sunda-Inseln, den Philippinen, Neu-Guinea und den benachbarten Inseln, in Nordamerika bis New York hinauf, in Guatemala, Panamá, Guyana, Brasilien und endlich in Westafrika (Gabun),

---

[1]) J. O. *Westwood*, On Evania and some allied Genera of Hymenopterous Insects, in: Trans. Ent. Soc. Lond. vol. III. 1841—43. *A. Schletterer*, die Hymenopteren-Gruppe der Evaniiden. in: Ann. k. k. naturhist. Hofmuseums Bd. IV. 1889.

[2]) Vgl. über Gasteruption und Aulacus neben den älteren Arbeiten von Westwood: *A. Schletterer*, Die Hymenopteren-Gruppe der Evaniiden.

im Caplande und in Schoa.¹) In der sehr artenarmen Gattung *Stenopasmus* Smith, deren systematische Stellung eine ziemlich isolirte ist, (Schletterer gruppirt sie vorläufig mit *Stephanus* zur Familie der Stephaniden) wiederholt sich die so eigenthümliche Verwandtschaft der verschiedenen Tropen- und Subtropengebiete: von ihren vier bekannten Arten bewohnt eine die Aru-Inseln, eine zweite Neu-Holland (Cap York u. Sidney), die dritte stammt vom Amazonenstrom und die vierte endlich vom Cap der Guten Hoffnung.

Die acht bekannten Arten der Peleciniden-Gattung *Monomachus* Westw. vertheilen sich einerseits auf Central- und Südamerika von Chiriquí über Columbien und Brasilien bis São Paulo, und auf Ost- und Südaustralien anderseits (*M. antipodalis* Westw.).²)

Schliesslich möge noch die eigenthümliche Familie der Thynnidae erwähnt werden. Die artenarme Gattung *Thynnus* Fabr. bildet einen sehr auffallenden Typus, der gegenwärtig auf Neu-Holland und Tasmanien beschränkt ist. Dagegen hat Thynnus einen sehr nahen phylogenetischen Verwandten in der Gattung *Elaphroptera* Guér., deren nicht sehr zahlreiche Arten in Chile und Argentinien (Bahia Blanca) leben und früher — so eng ist noch die morphologische Uebereinstimmung beider Gattungen — ebenfalls zu Thynnus gerechnet wurden, ja Westwood erwähnt noch direct eine Thynnus-Art *(Th. preinus)* mit flügellosem Weibchen für Brasilien.

Die eigenthümliche, den Thynniden nahestehende Gattung *Scleroderma* Klug,³) deren Weibchen ungeflügelt sind und deren Männchen bloss aderlose Flügel besitzen, also zum Fliegen ebenfalls nicht geschickt sind, zählt gleichwohl Vertreter an weit von einander entfernten Erdstellen, nämlich: Deutschland (Berlin), Prevesa, Oran, Nordamerika, Mexico, St. Helena, Hawaii, Makassar, Ceylon. Die ebenfalls flügellose, mit Scleroderma verwandte Gattung *Apenesia* Westw. vertheilt ihre 3 bekannten Arten auf 3 Punkte, nämlich auf Chontales in Nicaragua (*A. amazonica* W.), auf Neu-Guinea und Mysol (*A. modesta* W.) und auf Salwaddy (*A. parasitica* W.).

Die ebenfalls artenarme Gattung *Methoca* Ltr., von der eine Art (*M. ichneumonides* Ltr.) auch der mitteleuropäischen Fauna angehört, hat ausserdem Vertreter in Canada, Californien, Makassar und Südafrika.

Es ist beachtenswerth, dass auch bei manchen mehr oder weniger circumterranen artenreichen Gattungen, bei denen bereits eine Auflösung

¹) *A. Schletterer*, Monographie der Hymenopteren-Gattung *Stephanus* Jur., in: Berl. Ent. Zeitschr. Bd. XXXIII 1889 Heft I p. 71 u. ff.

²) *A. Schletterer*, Die Hymenopteren-Gattungen *Stenopasmus* Smith, *Monomachus* Westw., *Pelecinus* Latr. u. *Megalyra* Westw. monographisch bearbeitet, in: Berl. Ent. Z. Bd. XXXIII 1889 Heft II p. 197 u. ff.

³) *J. C. Westwood*, Observations on the Hymenopterous genus Scleroderma Klug and some allied groups. in: Trans. Ent. Soc. Lond. 1881.

der generischen Charactere in Untergattungen begonnen hat, diese durchaus nicht immer den Character von Localrassen haben, sondern ebenfalls gelegentlich über mehrere Regionen vertheilt sind und neben andern Untergattungen desselben Genus vorkommen.

Als Beispiel eines solchen Falles wollen wir die beiden Scoliaden-Gattungen *Scolia* Fabr. und *Elis* Fabr. erwähnen, welche zwei artenreiche und durch alle wärmern Erdstriche verbreitete Hymenopterentypen darstellen. Jede der beiden Gattungen zerfällt wieder in zwei Untergattungen, die aber durchaus nicht als Localrassen auftreten, sondern ebenfalls durch alle Regionen verbreitet sind, wenn sich auch in der Zahl und Grösse der Arten in den einzelnen Erdgegenden Unterschiede geltend machen.

Die Arten des Subgen. *Triscolia* Sauss. finden sich nämlich in Süd-Europa, Nordafrika, Madagaskar, Westasien, Ostindien, Hinterindien, Sunda-Inseln, Molukken, Philippinen, Australien, Niedercalifornien, Texas, Mexico.

Eine noch grössere Verbreitung hat das Subgen. *Discolia* Sauss.: Europa, Mittelmeerinseln, ganz Afrika von Algier und Aegypten bis zum Capland hinab, Westasien, Ostindien, Ceylon, China, Sunda-Inseln, Aru-Inseln, Key-Inseln, Djilolo, Neu-Holland, Nordamerika, Mexico, Brasilien, Uruguay.

Die Untergattung *Trielis* Sauss. bewohnt Süd-Europa, Nordafrika, Mozambique, Südafrika, Neu-Holland, Nieder-Californien, Pennsylvanien, Texas.

Das Subgen. *Dielis* Sauss. ist vertheilt über Süd-Europa, ganz Afrika von der Nordküste bis ins Capland hinab, Canarien, Madagaskar, Persien, Sunda-Inseln, continentales Indien, China, Philippinen, Buru-Inseln, Neu-Holland, ganz Amerika von Nordamerika bis Patagonien hinab.

Die Scoliaden sind eine schon im mittlern Tertiär vorhandene Hymenopteren-Familie. Sie wird von Scudder von Florissant in Colorado angegeben und Heer [1]) bildet eine kleinere Art (*Sc. Saussureana*) aus den miocänen Schichten von Oeningen ab.

Unsere paar kleinen südschweizerischen Arten (*S. quadripunctata* F. und *notata* F.) sind ziemlich langsame Flieger, dagegen sind die grossen tropischen Arten, von denen ich mehrere Arten, wie *Dielis limosa* Burm., *D. variegata* F., *D. ephippium* Say und *Discolia guttata* Burm. in Guatemala häufig fing, Thiere von grosser Behendigkeit und ausgezeichnete Flieger. Die schönen Thiere umschwärmen dort in der Wärme des Tages in Mehrzahl die mannshohen Büsche blühender Compositen.

Landmollusken.

Die letzte Gruppe wirbelloser Landthiere, die für unser Thema in Frage kommt, sind die Landmollusken. Einige wenige Fälle von absichtlicher oder zufälliger Verschleppung durch den Menschen ab-

---
[1]) *O. Heer*, Urwelt der Schweiz. 1. Aufl., p. 386. 1865.

gerechnet, von denen bereits früher einige angeführt wurden, sind sie ausserordentlich schlechte Wanderer, welche zur Zurücklegung beträchtlicherer Strecken ungeheurer Zeiträume bedürfen würden. In zahlreichen Fällen bewegt sich die ganze Dauer des individuellen Daseins sicherlich in ausserordentlich engem Raume und bleibt auf einige Bäume, eine Mauer, eine Felswand, ein Waldbosquet oder eine kleine Insel beschränkt. Ich hatte vergangenen Mai ein von Lausanne stammendes Stück von *Helix aspersa*, das ich im Zimmer überwintert hatte, im Garten meines Wohnhauses ausgesetzt und lange Zeit nicht mehr darauf geachtet. Drei Monate später fand ich es in einem Gemüsebeet wieder, bloss zehn Schritte von der Stelle entfernt, wo ich es ausgesetzt hatte.

Zu dieser geringen activen Beweglichkeit gesellt sich der weitere Umstand, dass diese Thiere morphologisch ausserordentlich fein auf relativ geringfügige Aenderungen ihrer Umgebung reagiren, seien diese nun thermischer, optischer oder petrographischer Natur oder betreffen sie die Menge und Form der Niederschläge und damit die Dauer der jährlichen Frassperiode.

Die Zahl der isolirten und streng localisirten Formen ist daher hier eine erstaunlich grosse, und wo es sich um Arten handelt, die grössere Areale eingenommen haben, da besteht in der überwiegenden Zahl der Fälle eine ausserordentliche Neigung, in Localformen zu zerfallen, die »Art« löst sich in einen »Formenkreis« auf, dessen Angehörige Unterschiede der Form, Farbe und Grösse aufweisen, die nach den Localitäten wechseln und deren Gesammtheit erst die »Art« ausmacht.

Um das Zusammenspiel dieser Factoren und ihre Wirkung auf die Bildung von Localformen zu zeigen, mögen hier einige Beispiele aus der mir am genauesten bekannten Fauna von Landmollusken, derjenigen der Schweiz, folgen.

Aus der geologischen Vergangenheit der Schweiz wissen wir, dass in der ältern Eiszeit, zur Zeit der mächtigsten Vorstösse der alpinen Gletscher, das ganze oder jedenfalls der grösste Theil des schweizerischen Areals für Landschnecken unbewohnbar war. Die Fauna von Landmollusken, die in der Miocän-Zeit unser Land bewohnte und deren Reste wir noch da und dort in der obern Süsswassermolasse finden, war vertrieben oder vernichtet worden, und wenn auf den wenigen, von Eis freien Inseln der ersten Glacialzeit überhaupt Schnecken lebten, so waren es höchstens ein paar der bescheidenen Formen, die wir heute noch in der Schneeregion unserer Hochalpen lebend finden. Wenn wir daher die früher vom Eis bedeckten Districte vom Hügelland bis in die Hochalpen hinauf jetzt wieder von einer relativ reichen und von der tertiären verschiedenen Fauna von Landmollusken bevölkert sehen, so müssen diese seither eingewandert und, den zurückweichenden Gletschern folgend, ins Hochgebirge vorgedrungen sein, ein Process, dessen Anfang wohl schon an den Schluss der ersten Glacialzeit zu verlegen ist, wie die Einschlüsse von Landmollusken, die allerdings mit Kritik und Vorsicht beurtheilt sein wollen, in den lössähnlichen Bildungen der Schweiz beweisen.[1])

Die Richtungen, in denen die Einwanderung neuer Formen sich vollzog, waren natürlich für die einzelnen Arten verschiedene. *Helix sylvatica* Drap. drang von Südwesten durch die Lücke zwischen Alpen und Jura ein, sie wanderte theils ins Rhonethal und seine Seitenthäler hinauf, theils folgte sie dem Jura und gelangte durch das Aarethal ins Rheinthal, wo sie heute bei Schaffhausen ihre Ostgrenze findet, theils auch folgte sie dem Zuge der nördlichen Kalkalpen und erreichte über Weissenburg ostwärts den Vierwaldstättersee, wo sie noch bei Stanzstaad, Seelisberg, Brunnen bis Seewen, ferner im Schächenthal bis an den Fuss des Clausen-Passes gefunden wird. Auch andere Arten, wie *Torquilla variabilis* Drap., *Chondrula quadridens* Müll. und *Clausilia bidentata* Ström sind von Südwesten her ins Land gekommen. Andere und zwar wohl die Mehrzahl unserer heutigen Arten drangen von Norden und Nordosten her in das schweizerische Gebiet vor; von Osten kam *Xerophila obvia* Hartm., *Claus. fimbriata* Mühlf., *Fruticicola unidentata* Drap., *Zebrina detrita* Müll., *Campylaea rhaetica* Mouss., von Süden her endlich kam *Trigonostoma angigyra* Jan, *Fruticicola ciliata* Venetz, *Campylaea zonata* Stud., *Camp. foetens* Stud., *Camp. cingulata* Stud., *Xerophila candidula* Stud., *Sphyradium Ferrari* Porro, *Lauria Sempronii* Charp., *Claus. diodon* Stud. und *Cl. itala* v. Mts. — Einige Arten, wie *Xerophila candidula*, *Fruticicola ciliata*, *Fr. strigella* Drap. und *Fr. carthusiana* Müll. sind sowohl von Süden her als auch durch das Rhonethor hereingekommen, *Fr. strigella* ausserdem von Osten her. Hinter einigen der einwandernden Arten wurde die Verbindung mit ihren Stammesgenossen derart abgeschnitten, dass sie heute, wenigstens auf Schweizer Gebiet, isolirte Inseln bilden, so z. B. *Fr. ciliata* Ven. in der Gegend von Vercorin im Wallis, *Camp. foetens* Stud. am Mont Catogne, *Camp. zonata* Stud. auf der Nordseite des Gotthard, an der Teufelsbrücke und bei Göschenen.

Ein derartiges insuläres Vorkommen ist im Wallis auch für zahlreiche, aus südlichern Gegenden eingewanderte Insectenarten verschiedener Ordnungen nachgewiesen worden, doch liegt dieser interessante Gegenstand meinem eigentlichen Thema ferner, und es mag daher genügen, wenn ich auf die Abhandlung [1]) meines Freundes, Prof. E. Bugnion in Lausanne, verweise, der eine Reihe dahingehöriger Fälle aus eigenen und fremden Beobachtungen zusammengestellt hat.

---

[1]) *Mousson*, Ueb. den Löss des St. Gall. Rheinthales, in: Vierteljahrsschr. naturf. Ges. in Zürich 1857. — *Jenny*, Ueber Löss und lössähnliche Bildungen in der Schweiz, in: Mitth. naturf. Ges. von Bern 1890.

[1]) *Ed. Bugnion*, Introduction à la faune entomologique du Valais, in: Denkschr. d. schweiz. naturf. Ges. 1890.

Schon früher war man auf das umgekehrte Verhältniss aufmerksam geworden, nämlich auf Inseln von ursprünglich aus den Alpen herabgestiegenen Thieren, die sich im Gefolge der Glacialzeit im schweizerischen Hügellande angesiedelt haben. Dahin gehört von Fällen meiner eigenen Erfahrung z. B. das Vorkommen von *Cychrus rostratus* L. und *Carabus auronitens* Fabr. in den Wäldern am Uetliberg und Zürichberg. *Pelias berus* L., die gemeine Kreuzotter, ein in vielen Alpengegenden häufiges Thier, kommt im Kanton Zürich nur in einer kleinen Insel vor, die im Bezirk Affoltern die sumpfigen Gegenden zwischen Kappel a. A., Riffersweil und Hausen a. A. umfasst. Ich habe sie dort in meiner Jugend und noch später mitunter gefangen.

Derartige Fälle sind, trotzdem sie sich in engem geographischem Rahmen halten, dennoch von hohem Interesse für die Kenntniss und Beurtheilung der Factoren, welche die geographische Verbreitung der Thiere beeinflussen. Sie sollten daher von den Localfaunisten sorgfältig registrirt werden.

Doch nun zu den Landmollusken zurück! Die Leichtigkeit, mit der die einzelnen Arten in unser Gebiet vorrückten, war sehr ungleich, einige sind heute bereits bis an die Grenze des ewigen Schnees oder wenigstens erheblich über die Baumgrenze hinauf vorgedrungen, wie z. B. *Vitrina annularis* Ven., *Hyalina fulva* Müll., *Patula ruderata* Stud., *P. rupestris* Drap., *Arianta arbustorum* L., *Fruticicola edentula* Drap., *Cochlicopa lubrica* Müll., *Torquilla secale* Drap., *Claus. dubia* Drap., *parvula* Stud., *Cl. plicatula* Drap., *Cl. cruciata* Stud. Diese Arten bilden wohl auch den ältesten Theil unserer posttertiären Molluskenfauna.

Eine Anzahl von Arten sind gegenwärtig auf die Flanken der höheren Gebirge beschränkt und bilden eine für diese eigenthümliche Fauna, wie z. B. *Vitrina annularis* Ven., *Patula ruderata* Stud., *Trigonostoma holoserica* Stud., *Fruticicola unidentata* Drap., *Campylaea zonata* Stud., *C. foetens* Stud. und *C. rhaetica* Mouss.

Andere dagegen blieben im Hügelland, in den Vorbergen und im Jura zurück, wie *Patula rotundata* Müll., *Acanthinula aculeata* Müll., *Vallonia pulchella* Müll., und *V. costata* Müll., *Trigonostoma obvoluta* Müll., *Triodopsis personata* Lam., *Xerophila ericetorum* Müll., *Tachea nemoralis* L. und *T. hortensis* Müll., *Torquilla frumentum* Drap., *Clausilia corynodes* Held, *Cl. fimbriata* Mühlf. und andere.

Einige haben bis jetzt kaum die Grenzen unseres Landes überschritten. So ist die in Frankreich weit verbreitete *Clausilia bidentata* Ström bis jetzt auf die Umgebung von Genf, auf den Waadtländer (Mont Dôle) und Neuenburger Jura beschränkt, *Claus. cana* Held findet sich nur nordwärts vom Rhein bei Stein und Ramsen, *Claus. biplicata* Drap., eine der gemeinsten Clausilien Deutschlands, lebt bei uns fast nur an der äussersten Landesgrenze, bei Rheineck und Schaffhausen, hat aber den Rhein dennoch überschritten, sie liegt in der Mousson'schen Sammlung aus dem „Norden des Kantons Zürich", nach Hartmann's Angabe findet sie sich auch bei St. Gallen, ich selbst habe ein merkwürdiges, insuläres Vorkommen dieser Art in der Schlucht von Küsnacht bei Zürich constatirt, wo sie in sehr zahlreichen Exemplaren zu finden ist. *Fruticicola unidentata* ist bis jetzt nur im Kanton Graubünden, aber hier an vielen Punkten, von mir selbst in Klosters gefunden worden. Aehnliches lässt sich im Süden unseres Landes constatiren, wo *Cl. diodon* Stud. nur hart an der Landesgrenze an den Felsen der Gondo-Schlucht lebt und wo z. B. *Cl. comensis* Shuttl. auf Schweizer Gebiet, nach Stabile's Angabe, nur im Muggiothale bei Mendrisio, also ebenfalls hart an der Grenze von Stabile gefunden wurde. Für einige Arten waren sichtlich die thermischen Extreme, für andere die Ausdehnung und Beschaffenheit der Walddecke, für dritte die petrographische Unterlage massgebend. Von letztern sind namentlich eine Reihe von kalksteten Schnecken zu erwähnen, deren Areale einerseits von den Ketten des Jura, anderseits von der Zone der nördlichen und südlichen Kalkalpen gebildet werden, während die Zone der Molasse und des Urgebirges von ihnen fast frei bleibt. Dahin gehören z. B. *Zebrina detrita* Müll., *Torquilla avenacea* Drap., *Clausilia corynodes* Heid, *Cyclostoma elegans* Müll., *Pomatias septemspiralis* Raz. Auch *Tachea sylvatica* Drap. und *Xerophila candidula* Stud. entfernen sich wenig von den Kalkzonen.

So kurz nun auch, geologisch gesprochen, die seit der Einwanderung unserer heutigen Molluskenfauna verflossene Zeit und so geringfügig auch die zurückgelegte Wegstrecke der Arten ist, so haben sie doch genügt, um auf dem beschränkten Areale der Schweiz eine Reihe ausgeprägter Localformen hervorzubringen. Bei fast sämmtlichen der grössern Arten, die überhaupt in das Gebirge aufgestiegen sind, finden wir besondere Gebirgsformen ausgebildet, die sich in Höhenzonen anordnen und hauptsächlich die Dimensionen der Gehäuse beschlagen. Einige dieser Gebirgsformen sind, weil sie vereinzelt entdeckt und beschrieben wurden, von den älteren Autoren unter besonderm Namen aufgeführt und sogar theilweise als besondere Species benannt worden. Derartige Bergformen kenne ich bis jetzt bei folgenden Arten:

Arianta arbustorum L. Die Alpenformen dieser Schnecke, die eine unserer häufigsten Arten ist, sind schon lange bekannt und von Charpentier als *alpicola*, von Hartmann als var. *alpestris* bezeichnet worden. Die Art überschreitet die Baumgrenze erheblich und mit steigender Höhe wird auch das Gehäuse kleiner, wie folgender Vergleich zeigt:

	Höhe des Gehäuses	Durchm.
Exemplar von Zürich	19 mm	23 mm
Exemplar von der Melchsee-Alp (2000 m)	15	20
Exemplar von der Gotschna-Alp bei Klosters	13	15
Exemplar vom Fykenloch	13	15

Interessant und zur Beurtheilung der damaligen klimatischen Verhältnisse, speciell der Dauer der jährlichen Frassperiode, wichtig ist Mousson's [1]) Bemerkung, dass die von Escher von der Linth im sogenannten (allerdings sehr jungen) »Löss« vom st. gallischen Rheinthal gesammelten Exemplare von *A. arbustorum* in Bezug auf ihre Grösse mit den Stücken der heutigen Thalform übereinstimmen und dass »nur wenige der subalpinen mit glatter Schale« angehören. Dagegen sind die Stücke aus dem wahren Löss, die ich von Plauen bei Dresden besitze, durchweg kleiner als der Durchschnitt der recenten Stücke meiner Sammlung von Dresden, Leipzig, Tharand etc. Sie stimmen mit den Exemplaren überein, wie wir sie heute in der subalpinen und alpinen Region, etwa von 1000—1800 m, am Rigi, in Klosters, Melchsee-Alp etc. treffen.

	Höhe.	Durchm.
Exemplar von Klosters (1200 m)	15 mm	19 mm
Exemplar von Melchsee-Alp (1894 m)	14	19,5
Exemplar aus dem Löss von Dresden	14,5	17—18,5
Exemplar von Dresden (recent)	19,5	23,5

Dies lässt mit Wahrscheinlichkeit darauf schliessen, dass zur Zeit der Bildung des Lösses von Dresden-Plauen, der als wesentlich älter zu betrachten ist, als die lössartigen Ansammlungen in unserm Rheinthal, die Winterdauer eine ähnliche gewesen sei wie heute in unseren mittelalpinen Stationen.

Es mag bei dieser Gelegenheit bemerkt werden, dass die Beurtheilung der im Löss eingebetteten Molluskenreste oft nicht ohne Schwierigkeit ist. Bei weitem nicht alle im Löss jetzt eingeschlossenen Schneckenreste sind »Lössschnecken«. Bei den Bewegungen, welchen dieses lockere Material an grössern aufgeschlossenen Stellen durch Rutschungen und Verlagerung durch Wind und Wasser ausgesetzt ist, werden sehr viele recente Arten den diluvialen beigemischt, und es ist durchaus nicht immer leicht, beide sicher auseinander zu halten. So fand ich noch kürzlich im Löss von Klosterneuburg und Stammersdorf bei Wien neben den altbekannten Lössschnecken: *Xerophila striata* Müll. var. *nilssoniana* Bech., *Frut. hispida* Dr. var. *terrena* Cless., *Frut. suberecta* Cless. (= *montana* Stud. var. teste Böttger), *Ar. arbustorum* L., *Pup. muscorum* L., *Succ. oblonga* Dr. var. *elongata* A. Braun, *Claus. dubia* Dr., *Claus. lineolata* Held, *Bul. montanus* Dr., auch eine Anzahl neu beigemengter Arten wie *Helix pomatia*, *H. strigella*, *H. austriaca*, *H. obvia*, *Bulimus detritus*, *Pupa secale* und *P. frumentum*, *Acicula acicula*, theilweise in einer Lagerung und einem Zustand der Gehäuse, die eine Trennung von den alten Arten recht schwierig machte. Letztere kommen aber in der nächsten Um-

---

[1]) *A. Mousson*, Ueber den Löss des st. galler Rheinthales, p. 15, in Vierteljahrschr. Zürch. naturf. Ges. Jahrg. 1857.

gehung der von mir besuchten Stellen nicht mehr lebend vor, sondern weisen, mit Ausnahme etwa von *P. muscorum*, auf einen feuchten und schattigen Wald- oder wenigstens Buschbestand als Aufenthaltsort während des Lebens hin, aus dem sie auf irgend eine Weise von den Waldhöhen in die Niederung herabgebracht worden. Die vorhin als recente Beimengungen erwähnten Arten dagegen leben heute noch auf den trockenen, grasigen Halden in der Nähe der Lössaufschlüsse. Die Zusammensetzung der ächten Lössschneckenfauna ist überhaupt so eigenthümlich, dass die Frage ihres Hineingerathens in den Löss durchaus nicht so einfach zu lösen ist, wie man nach der jetzt ziemlich allgemein angenommenen v. Richthofenschen Theorie der Lössbildung erwarten sollte. Nach Analogie dessen, was man jetzt noch in der Natur vor sich gehen sieht, scheint mir, wenigstens für Klosterneuburg, die wahrscheinlichste Annahme die zu sein, dass die bei Hochwasser massenhaft ersäuften und durch die Wildbäche aus den Wäldern herabgeschwemmten Thiere erst secundär vom Winde verschleppt und mit Löss bedeckt wurden.

Die Schalen von *A. arbustorum*, die ich in den Anschnitten der mächtigen Kalktuffablagerungen von Waltenstein bei Elgg (Kt. Zürich) mehrere Meter unter der heutigen Erdoberfläche sammelte, zeigen bereits die Grössenverhältnisse der jetzt in jener Gegend lebenden Thalform.

Tachea nemoralis L. Clessin [1]) giebt an, dass diese Art in den Alpen bis in die obere Waldregion aufsteige. Ich habe dies für unsere Alpen nicht bestätigt gefunden, denn ich traf sie nirgends erheblich über 1000 m. Entsprechend dieser geringen Erhebung wird denn auch *T. nemoralis* L. nirgends so klein wie *A. arbustorum*. Immerhin habe ich im Joux-Thale in etwas über 1000 m eine sehr hübsche Bergform dieser Art gesammelt, deren Maasse folgende sind:

	Höhe	Durchm.
Exemplar von Genf	19 mm	25 mm
Exemplar von Le Pont im Joux-Thal (1000 m)	15	20

Tachea sylvatica Drap. Auch hier unterscheidet bereits v. Charpentier eine var. *alpicola* und giebt an, dass sie um die Hälfte kleiner sei als die Normalform und so hoch in's Gebirge aufsteige, wie *A. arbustorum*. Ich kann dies nicht ganz bestätigen, denn die höchste Stelle, wo ich *T. sylvatica* sammelte, war das Val du Ferret, in ca. 1800 m Höhe, während ich *A. arbustorum* im gleichen Thale noch erheblich höher fand. Am Mont Catogne sammelte ich Stücke von *T. sylvatica*, die mit denen des Val du Ferret in der Grösse übereinstimmen, bis an die obere Baumgrenze. *A. arbustorum* und auch *C. foetens* gehen dort noch höher. Von letzterer fand ich ein unausgewachsenes Stück nahe

---

[1]) S. Clessin, Die Molluskenfauna Oesterreich-Ungarns und der Schweiz, 1877. p. 177.

am Gipfel (2580 m). Immerhin ist die alpine Kümmerform von *T. sylvatica* sehr charakteristisch entwickelt, wie folgende Maasse darthun:

	Höhe	Durchm.
Exemplar von St. Maurice (Wallis)	16 mm	21 mm
Exemplar von Orsières 900 m	17	21
Exemplar vom Val du Ferret	13	17

Xerophila candidula Stud. Trotz der Kleinheit dieser Art ist die Ausbildung einer Bergform in den Alpen und im Jura nicht zu verkennen.

	Höhe	Durchm.
Exemplar von Sitten	6 mm	9,5 mm
Exemplar von Orsières	3,5	6

Mit den mittlern Exemplaren von Orsières, die übrigens etwas variiren (Höhe: 3,25—4,5; Durchm.: 5—7) stimmen auch die von Le Pont im Joux-Thal (1000 m) überein: Höhe 4 mm; Durchm. 6,5 mm.

Dr. Am Stein giebt auch von *Frut. strigella* Drap. an, dass die bei Tarasp[1]) und in Puschlav[2]) auffallend klein seien. Ich kenne *F. strigella* von diesen alpinen Stationen noch nicht.

Claus. laminata Mont. ist in ihrer typischen, d. h. mit den englischen Stücken übereinstimmenden Form über die ganze West- und Nordschweiz verbreitet. Im Gebirge steigt sie in die Nadelholzregion hinauf und wird hier zur Boden- und Felsenschnecke, während sie im Hügelland vorwiegend eine Bewohnerin des Laubwaldes ist. Die obere Grenze des Baumwuchses überschreitet sie jedoch, so weit meine persönliche Erfahrung reicht, weder im Wallis noch in Graubünden. Während sie im Hügelland und im Jura eine der häufigsten Clausilien ist, wird sie im Gebirge weit weniger häufig und um so seltener, je höher man steigt, bis sie sich gegen die obere Baumgrenze vollends verliert. Sie fehlt im Tessin und Puschlav, überschreitet also die Alpen auf Schweizergebiet nicht. Von dieser Art hat sich nun in den rhätischen Alpen eine besondere Alpenform entwickelt, die sich von der typischen durch wesentlich geringere Statur, hellere Farbe des Mundsaumes, des Gaumenwulstes, der Lamellen und Falten unterscheidet.

Diese Form ist es, welche der verstorbene Dr. Am Stein (l. c. p. 30) in Folge einer leicht entschuldbaren Verwechslung als *Cl. commutata* Rossm. aufführt, wie ich mich an Originalstücken überzeugte, die ich dem um die faunistische Kenntniss Graubündens so hoch verdienten Naturforscher verdanke. *Cl. commutata* Rossm. ist also aus der Liste der schweizerischen Mollusken zu streichen.

---

[1]) J. G. *Am Stein*, Die Mollusken Graubündens. 1885, p. 33.
[2]) J. G. *Am Stein*, Beiträge zur Mollusken-Fauna Graubündens, in: Jahresber. Naturf. Ges. Graubündens. Jahrg. XXXIII, p. 25 (Sep.).

Ich besitze die Alpenform von *Cl. laminata* von Klosters, wo ich sie bis ca. 1500 m Höhe fand, von Fideris, wo sie bis 1100 m herabgeht, von Churwalden (leg. Huguenin), von den Alpen oberhalb Quinten am Walensee (1700 m, leg. Forel). Dr. Am Stein führt sie von einer Reihe bündnerischer Stationen an: Serneus, Valzeina, Tarasp, Zizers, oberhalb der Molinara bei Trimmis.

Dass diese Alpenform auffallenderweise den Walliser Alpen zu fehlen scheint, wurde schon oben erwähnt.

	Höhe.	Durchm.
Maasse: Exemplar von Zürich	17 mm	4 mm
Exemplare von Klosters	13—14	2,5.

Claus. (Alinda) plicata Drap. Die Verbreitung dieser Art ist in unserm Lande eine sehr auffallende und merkwürdige. Während sie im ganzen Osten und im Centrum der Schweiz eine der häufigsten Arten bildet, die in den rhätischen Alpen nicht nur hoch ins Gebirge aufsteigt, sondern auch südlich der Alpen, bei Bellinzona, Lugano, am Lago maggiore wieder auftritt, fehlt sie in der West- und Südwestschweiz vollständig. Sie ist weder im Neuenburger und Waadtländer Jura, noch im waadtländischen Molasse-Lande, noch in den Kantonen Genf und Wallis vorhanden. Ihre Westgrenze verläuft, so weit ich sie bis jetzt verfolgen konnte, von Basel über Bern. Bei Freiburg fand ich sie bereits nicht mehr und möglicherweise bildet das Aarethal ihre heutige Südwestgrenze, da weder die Mousson'sche, noch meine Sammlung sie von irgend einem Punkte südwärts der Aare besitzt. Man gewinnt den Eindruck, dass *Cl. plicata*, deren bereits occupirtes Areal ohne Rücksicht auf petrographische und klimatische Verhältnisse gebildet erscheint und deren Westgrenze quer durch ein grosses Stück eines petrographisch und klimatisch homogenen Gebietes verläuft, noch mitten in der Arbeit begriffen sei, ihre Grenze weiter westlich zu schieben.

Cl. plicata, die vorwiegend eine Felsenschnecke ist, weist zahlreiche individuelle Schwankungen der Gehäusedimensionen auf. Dennoch aber unterscheidet sich auch hier die rhätische Alpenform durch gracilere Form und kleinere Dimensionen deutlich von derjenigen des Hügellandes.

	Höhe	Durchm.
Exemplare von Eglisau	17—19 mm	3,5 mm
Exemplare von Klosters	14—16,5	3,25

Der Uebergang der Thalform in die Bergform ist, entsprechend den Höhenlagen der einzelnen Fundorte, ein allmäliger. Die Bergform besitze ich in deutlicher Entwicklung von Klosters, wo ich die Art bis an die obere Baumgrenze verfolgte, von Fideris (leg. Stoll), von Pernezlis bei Jenaz (leg. Dr. Am Stein), von den Wäldern um Valzeina (leg. Dr. Am Stein), in weniger deutlicher Trennung von der Thalform von Tarasp (leg. Dr. Killias).

— 69 —

Bei *Claus. parvula* Stud., einer der verbreitetsten unserer Clausilien, welche nur dem Tessin und Puschlav fehlt, also bei uns die Alpen nicht überschreitet, ist der Nachweis einer Alpenform deshalb schwieriger, weil diese ohnehin kleine Art auch im Hügellande relativ starken Schwankungen der Dimensionen unterliegt, die wohl hauptsächlich auf individuell verschiedene Ernährungsverhältnisse zurückzuführen sind. Man trifft gelegentlich unter den Stücken des Hügellandes solche, die so klein oder selbst kleiner sind, als manche im Hochgebirge. Mit *Torquilla secale* und *Fruticicola rufescens* bildet *Cl. parvula* ein Glied der Faunula der Felsen mitten im Rheinfall und erreicht hier die stattliche Länge von 1 cm. Dagegen pflegen die Stücke von den höhergelegenen alpinen Stationen in ihren Dimensionen weniger schwankend zu sein, als die der Ebene, und die grössten alpinen Stücke bleiben hinter denen des Flachlandes zurück.

Vollends deutlich aber wird der klimatische Einfluss auf die Wachsthumsverhältnisse auch dieser Art, wenn wir hochalpine Stücke mit denen des Genferseebeckens und des untern Walliser Rhonethales vergleichen. Diese bilden eine besondere Localform von *Cl. parvula*, die sich durch ihre Grösse und durch stärkere Streifung deutlich von den nordschweizerischen und alpinen Stücken unterscheidet. Diese exquisite Form, für die ich der Kürze halber die Bezeichnung *forma lemana* wähle, zieht sich im Rhonethal und seinen Seitenthälern bis nach Südfrankreich hinein. Das Gesagte ergiebt sich aus nachstehenden Maassen:

	Höhe	Durchm.
Exemplare von Königstein bei Aarau	7—9,5 mm	1,5—2,5 mm
Exemplare von Melchsee-Alp (2000 m)	7,5—8	2
Exemplare von St. Maurice (Wallis)	10—10,75	2,5

Stücke, die mit denen der Melchsee-Alp übereinstimmen, habe ich auch auf der Gotschna-Alp bei Klosters gesammelt, während diejenigen von den tiefergelegenen Bündner Stationen die Grössenverhältnisse unserer Flachlandform wiederholen.

Cl. parvula ist ferner eine der wenigen Clausilien, die bei uns noch über der obern Baumgrenze gefunden werden.

Claus. dubia Drap. Die schweizerische Normalform dieser Art ist die *var. obsoleta* A. Schm. Auch bei dieser findet sich der grösste Gegensatz der Dimensionen zwischen der Alpenform der rhätischen Hochgebirge und derjenigen der Südwestschweiz, während die Formen unseres nordschweizerischen Hügellandes ungefähr die Mitte zwischen beiden halten.

	Höhe	Durchm.	
Exemplare vom Mont Dôle	13,5 —14,5 mm	3	mm
Exemplare von Metmenstetten	11 —12,5	2,5	
Exemplare von Klosters (ca. 1600 m)	10,5 —11,5	2,5	
Exemplare von St. Pierre (Wallis)	10,75—12,5	2,75—3	

Im Vergleich zu den Exemplaren vom Mont Dôle, mit denen auch die von mir im Jouxthale und bei Freiburg gesammelten übereinstimmen, stellen auch die Stücke, die ich in den Walliser Alpen sammelte (Mt. Catogne, Bourg St. Pierre) eine Alpenform dar.

Claus. dubia Drap., *var. obsoleta* A. Schm. ist eine der wenigen fast über das ganze schweizerische Areal verbreiteten Clausilien. Südlich der Alpen habe ich sie noch bei Gondo gesammelt, im Tessin und Puschlav ist sie noch nicht nachgewiesen.

Claus. cruciata Stud. Von dieser ebenfalls über den grössten Theil der alpinen und ausseralpinen Schweiz verbreiteten Art hat die Gebirgsform den Typus geliefert, indem der seiner Zeit von Prof. S. Studer in Bern, dem ersten Erforscher unserer einheimischen Fauna, aufgestellte Name sich zunächst auf die kleine Form der Walliser Alpen bezieht.[1] Allerdings zieht Studer auch die grössere Form des Jura zu seiner *Cl. cruciata*, die Alpenform, speciell die aus der Umgebung des Leukerbades wurde dann aber später durch v. Charpentier[2] mit einer Diagnose versehen und dadurch zum Typus erhoben, während die Form des Jura und des Hügellandes später von Hartmann (in litt.) als *Cl. triplicata* besonders benannt wurde, und unter diesem Namen seit A. Schmidt's grundlegender und für diese Art auf Mousson's brieflichen Mittheilungen beruhender Arbeit[3] in der Literatur figurirt.

Obwohl daher der Studer'sche Name *(cruciata)*, der nach seines Urhebers Absicht auch die jurassischen Stücke umfasst, die Priorität über den Hartmann'schen *(triplicata)* behalten muss, so ist das Verhältniss doch nicht so, wie man es zuweilen in der Literatur aufgefasst findet, als ob die *triplicata*-Form lediglich eine Varietät der *cruciata* wäre. Sondern die Sache liegt so, dass die ächte Studer-Charpentier'sche *cruciata* die Gebirgsform der *triplicata* unseres Hügellandes und des Jura bildet. Es wäre daher im Interesse einer leichtern Auffassung des gegenseitigen Verhältnisses dieser Formen zu wünschen, dass der Name *triplicata* Hartm. ganz aus der Literatur verschwände und dass die Alpenform unter neuem Namen, etwa als *forma alpestris*, dem allgemeinen Artnamen *Cl. cruciata* Stud. unterstellt würde.

	Höhe	Durchm.
Exemplar von Königstein bei Aarau	13 mm	3 mm
Exemplar von Klosters (ca. 1600 m)	9,5	2,5

Cl. cruciata ist über den grössten Theil der Schweiz verbreitet. Die gewöhnliche Form *(triplicata)* findet sich über das ganze nördliche

---

[1] *Studer*, Kurzes Verzeichniss der bis jetzt in unserm Vaterlande entdeckten Conchylien, in: Naturw. Anz. d. schweiz. Ges. f. d. ges. Naturw. 1820, Nr. 11.

[2] *Charpentier, J. de*, Catalogue des Mollusques terrestres et fluviat. de la Suisse, p. 17, in: Denkschr. schweiz. Ges. f. Naturw. I. 1837.

[3] *A. Schmidt*, Die kritischen Gruppen der europ. Clausilien. 1857, p. 49.

Alpenvorland, von den westlichsten Ketten des Waadtländer Jura bis in's Rheinthal. Ihr gehören auch die Stücke zu, welche ich in den Walliser Bergen südlich vom Rhonethal (Mont Catogne in 1500 und Bourg St. Pierre in 1700 m Höhe) sammelte, während in den nördlich vom Rhonethal sich erhebenden Gebirgen die eigentliche Bergform vorkommt, die ich durch Hrn. Dr. Brot in Genf vom Originalfundort, aus der Umgebung des Leukerbades, besitze. Mit dieser stimmen auch die Exemplare überein, die ich in den höher gelegenen Alpenwäldern um Klosters sammelte.

Ihr sehr nahe stehen auch meine Stücke von Tschaguns im Montafun (leg. Dr. Zuppinger).

Cl. cruciata hat aber auch ausserhalb der Schweiz an mehreren Orten Bergformen geliefert, die der unsrigen sehr nahe stehen, aber ebenfalls mit besonderem Namen in der Literatur figuriren. Ich besitze solche von der Ruine Karpenstein (v. minima A. S.) in der schlesischen Grafschaft Glatz (leg. Dr. Standfuss, 770 m), von Javorina in den Karpathen (1800 m, comm. Böttger), von der Alpe Grimming in Steiermark (var. carniolica A. S., comm. Böttger), von Valfondo im Ampezzothale (leg. P. Gredler) und aus dem toscanischen Apennin. Auch die var. pusilla F. Schm. aus den Krainer Alpen, zu der Mousson in seiner Sammlung auch die Tarasper Stücke zieht, ist eine derartige Gebirgsform.

Dass in den schlesischen Gebirgen schon unterhalb von 1000 m eine ausgesprochene Bergform von Cl. cruciata auftritt, hängt naturgemäss zusammen mit dem rauhen Klima des Sudetenzuges, wo stellenweise schon in 900 m Erhebung die Jahrestemperatur auf $+ 4°$ C. absinkt und auch die obere Baumgrenze erheblich tiefer gerückt ist, als in den Alpen.

Cl. cruciata ist bis jetzt auf Schweizer-Gebiet vom Südabhang der Alpen nicht nachgewiesen: im Tessin und im Puschlav scheint sie zu fehlen.

Claus. plicatula Drap., ebenfalls eine unserer verbreitetsten Arten, die nicht nur, mit Ausnahme des Tessin und Puschlav, über die ganze Schweiz verbreitet ist, sondern sich im Hochgebirge noch über die Baumgrenze erhebt, entwickelt in den Graubündner Alpen eine Gebirgsform, die sich von der nordschweizerischen Thalform durch ihre Kleinheit merklich unterscheidet.

Auffällig ist dabei der Umstand, dass bei dieser Art nicht nur die Gebirgsform tiefer in's Thal hinabreicht als bei andern Arten, sondern dass sogar die Thalform des st. gallischen Rheinthales, die ich in Rheineck selber sammelte und die ich auch von Grabs (leg. Dr. Kubli) besitze, in ihren Dimensionen sich nicht an die Thalform der übrigen Schweiz, sondern an die Gebirgsform Graubündens anschliesst. In ganz ähnlicher Weise sind die plicatula-Stücke von Genf kleiner als diejenigen des benachbarten, höher gelegenen Joux-Thales. Dasselbe Verhältniss wiederholt sich, wiewohl in weniger frappanter Weise, im st. gallischen Rheinthal auch für *Cl. laminata*, auch hier kommen die Exemplare von Grabs und Rheineck der rhätischen Gebirgsform näher als den nordschweizerischen Flachlandformen.

Wenn man nun einerseits bedenkt, dass diese Thalformen von *Cl. plicatula* genau mit denen übereinstimmen, welche wir in dem rauhen Klima der Melchsee- und Gotschna-Alp finden, und anderseits, dass das st. gallische Rheinthal sowohl als Genf in der Nähe der gewaltigen Wassermengen des Boden- und Genfersees liegen und dass diese einst der Schauplatz ausgedehnter Vergletscherung waren, die ihren Einfluss auf die Länge des Winters und die dadurch bedingte Abkürzung der Frassperiode hier möglicherweise noch zu einer Zeit geltend machte, wo in der übrigen ausseralpinen Schweiz schon günstigere Verhältnisse des Klimas Platz gegriffen hatten, so wird man geneigt sein, in diesen Formen eine Art relicter, postglacialer Kümmerformen zu erblicken, die langsamer als andere Arten sich den bessern Verhältnissen der Neuzeit anzupassen vermochten.

		Höhe	Durchm.
Exemplare von	Zürich	12,5—15,5 mm	3,25 mm
„	„ Batzenheid (U. Toggenb.)	14	3
„	„ Rheineck	10,5	2,5
„	„ Genf (leg. Dr. Killias)	10,5	2,25
„	„ Grabs	11 —11,5	2,5
„	„ Melchsee-Alp	10,5—11,5	2,5—3
„	„ Klosters	10 —11	2,5

Bei dieser Gelegenheit verdient angemerkt zu werden, dass auch die am Nordufer des Genfersees, am Westufer des Neuenburgersees und im Tessin lebenden Formen von *Cl. lineolata* Held gegenüber der Normalform des schweizerischen Hügellandes Kümmerformen darstellen, die in der Literatur unter besondern Namen figuriren. Als mitwirkende Ursache darf bei diesen Formen vielleicht die gelegentliche Unterbrechung der Frasszeit durch lange sommerliche Trockenperioden herangezogen werden.

		Höhe	Durchm.
Exemplare von	Ebnat (*lineolata* typ.)	15 —16,5	3 mm
„	„ Neuenburg (*v. modulata* A. S.)	12,5—14	3
„	„ Lugano (*v. tumida* Parr.)	11,5—13,5	3

Claus. corynodes Held. Diese Art, eine unserer kalkstetesten Schneckenarten, ist in ihrer Verbreitung abhängig von der Vertheilung der Kalkgebiete in unserem Lande, deren Grenzen sie nur wenig überschreitet. Ihr schweizerisches Areal zerfällt daher durch das zwischen Alpen und Jura eingelagerte Molasseland in zwei Zonen. Die Art erreicht von Südostfrankreich her unser Land und streicht in diesem in einem nördlichen Bogen vom Berner Jura (Corgémont, leg. Prof. P. Godet) über den

Basler, Solothurner und Aargauer Jura, wo sie überall zu den häufigen Vorkommnissen zählt, bis Brugg. Oestlich davon fehlt sie unserm Gebiet. Ihre südliche Zone beginnt oberhalb Glion am Genfersee und streicht längs der Kalkalpen, da und dort auf die Nagelfluh, seltener auf die Molasse (Uznaberg, leg. Stoll) übergreifend, über Weissenburg (leg. Dr. A. v. Schulthess) und Kienthal (leg. Mousson), St. Beatenberg, Brienz, Flühli im Entlibuch, Lungern, Uznach bis ins untere Toggenburg, wo Batzenheid (leg. Dr. H. Zuppinger) der östlichste in meiner Sammlung vertretene Fundort ist.

Cl. corynodes erhebt sich nicht so hoch ins Gebirge und entwickelt daher bei uns keine so scharf ausgeprägte Alpenform, wie z. B. *Cl. laminata* und *cruciata* und der Grössenunterschied der jurassischen und der alpinen Form ist daher nicht bedeutend, wenn auch die grössten alpinen Stücke die grössten aus dem Jura nicht erreichen.

Eine exquisite Bergform dieser Art findet sich dagegen ausserhalb unseres Gebietes an verschiedenen Stellen der bairischen Kalkalpen. Sie ist denn auch von A. Schmidt mit dem leider wenig bezeichnenden Namen var. *minor* von der Normalform abgetrennt worden.

	Höhe	Durchm.
Exemplare v. d. Ruine Königstein (Aargau)	11,5—14	2,5 mm
Exemplare von Weissenburg	11 —12,5	2,5
Exemplar vom Königssee (leg. A. Forel)	8,5	2

Für unser Gebiet ist *Cl. corynodes* auch desshalb noch von einigem Interesse, weil sie einen Fall von recenter Verschleppung durch den Menschen liefert. Herr Dr. Zuppinger in Elgg fand nämlich eine Colonie dieser Clausilie im Sulzer'schen Garten in Aadorf (Kt. Thurgau), wohin sie jedenfalls mit den Kalktuffsteinen gelangt ist, die zu decorativen Zwecken von Batzenheid in diesen Garten gebracht wurden, da sie, wie oben erwähnt, in Batzenheid und zwar auf Kalktuff freilebend vorkommt.

Limnaeus stagnalis L. Obwohl dieses Thier zur Süsswasserfauna gehört, will ich die hübsche Bergform erwähnen, welche *L. stagnalis* in den Seen des Joux-Thales, vor Allem im Lac Brenet entwickelt. Schon v. Charpentier führt sie unter der Bezeichnung *fragilis* L., als besondere Form von *L. stagnalis* an.

	Höhe	Durchm.
Exemplar vom Katzensee	53 mm	22 mm
Exemplar vom Lac Brenet (1009 m)	34,5	15

In beiden Fällen wurden bloss mittelgrosse Exemplare gemessen. Noch frappanter wird der Unterschied der Niederungs- und Bergform, wenn man die maximalste Entwicklung vergleicht, welche die betreffenden Localitäten liefern.

	Höhe	Durchm.
Exemplar vom Katzensee	60,5 mm	27 mm
Exemplar vom Lac Brenet	38,5	19

Die Exemplare des kleinen teichartigen Lac Ter werden etwas grösser als die des Lac Brenet, die am besten die Seeform repräsentiren. Die grössten Stücke, die ich im Lac Ter sammelte, messen 46 mm Höhe auf 20,5 Durchmesser, übertreffen also selbst die im Weiher von Goldbach bei Zürich (549 m) lebenden Stücke, die bloss 40,5 mm Höhe auf 18,5 mm Durchmesser erreichen. Da letztere Localität eine künstliche und durch den Einfluss des Menschen in ihrem Wasserstande und damit in den Ernährungsmöglichkeiten für *L. stagnalis* stark schwankende Anlage darstellt, so erklärt sich das Auftreten einer Kümmerform hier leicht.

Die Vallée de Joux zeichnet sich trotz ihrer geringen Seehöhe durch ein auffallend extremes Klima aus, das namentlich durch den langen strengen Winter und das frühzeitige Zufrieren der Seen charakterisirt ist und das Auftreten zahlreicher Kümmerformen unter den Land- und Süsswasser-Mollusken leicht erklärt.

Wenn man die verticale Vertheilung dieser Gebirgsformen genauer verfolgt, so erkennt man deutlich, dass sie wesentlich von den thermischen Höhenzonen und der davon direct bedingten Dauer der sommerlichen Ernährungsperiode abhängig sind: je kürzer diese an einer bestimmten Localität, desto kleiner die Form der Gehäuse. So fehlt z. B. die in den Graubündner Alpen allgemein verbreitete kleine Gebirgsform von *Cl. laminata* in den südlichen Walliserthälern in entsprechender Höhe und *Cl. laminata* ist dort noch in einer Höhe von 1500 m so gross, wie im Thale bei St. Maurice, eine Thatsache, die ausschliesslich auf den kürzeren Winter und die längere Frassperiode in den südlichen Walliser Alpen gegenüber den Graubündner Alpen zurückzuführen ist.

Das inverse Verhältniss, nämlich eine grössere Form des höhern Gebirges und eine kleinere Kümmerform der tiefern Landschaft, findet möglicherweise zwischen *Otostomus Ghiesbreghti* Pfr. und *O. Jonasi* Pfr. in Guatemala statt. In den ca. 1500 m hoch gelegenen Thälern der Hauptstadt und von Antigua Guatemala, die eine vom October bis in den Mai dauernde ununterbrochene Trockenzeit haben, ist die Frasszeit der wenigen Landmollusken durch mehrere Monate unterbrochen. Es entwickelt sich daher hier nur eine gracile Form von bescheidenen Dimensionen, *O. Jonasi*, der alsdann, auf den Blättern und Zweigen von *Baccharis salicifolia* festgeklebt, seinen langen Winterschlaf hält. In grösserer Höhe jedoch, in der Urwaldzone der Vulcane Agua und Fuego und auf den waldigen Bergkämmen der »Altos« von Tecpam und Quezaltenango ist die Trockenzeit kürzer und von häufiger Wolken- und Nebelbildung unterbrochen, die Summe der Niederschläge grösser und damit auch die Ernährungsperiode verlängert. Hier entwickelt sich daher eine weit kräftigere, dickbauchigere und grössere Form, welche als besondere Art aufgeführt wird. *(O. Ghiesbreghti.)*

Die Trennung der beiden Arten nach Höhenzonen ist merkwürdig scharf und beide schliessen sich, obwohl sie so nahe beisammen wohnen, aus. Es muss aber der anatomischen Untersuchung überlassen bleiben, festzustellen, ob es sich dabei wirklich um Localformen einer Art oder aber um verschiedene Arten handelt.

Bei einer kleinen Kategorie von Arten unserer Fauna ist es die petrographische Beschaffenheit des Untergrundes, welche sichtlich und erheblich die Grösse der Gehäuse beeinflusst. Ein besonders auffälliges Beispiel dieser Art liefert *Xerophila ericetorum* Müll. Diese hübsche Schnecke entwickelt sich sowohl auf dem obersten Gipfel der Phonolithkuppe des Hohentwiel als auf dem Kalk unserer Juraketten (Baden, Liestal etc.) zu schönen, grossen Gehäusen, bleibt aber im schweizerischen Molasse-Gebiet und auf dem Erraticum, trotzdem sie auch hier an trockenen, uncultivirten Stellen zu den häufigern Arten zählt, um mehr als die Hälfte kleiner.

	Höhe	Durchm.
Exemplar von Hohentwiel	9 mm	17 mm
Exemplar von Liestal (Kt. Basel)	8,5	17
Exemplar von Riffersweil (Kt. Zürich)	6,5	12

X. ericetorum entwickelt aber auch eine Bergform, die ich z. B. im Joux-Thale (1000 m) sammelte und deren Maasse mit denen der Molasseform ziemlich übereinstimmen: Höhe 6,5 mm, Durchmesser 12—13,5 mm. Besonders grosse Stücke dieser Art (Höhe 11 mm, Durchmesser 21 mm) sammelte ich am hohen Grase des Strandes von Portugalete bei Bilbao.

Bei *Tachea hortensis* Müll. macht sich der Einfluss einer verschiedenen Dauer der Frassperiode auf die Gehäusegrösse in der Weise geltend, dass z. B. hier in Zürich die in der Tiefe der Wälder lebenden Stücke durchschnittlich kleiner sind, als die frei an Hecken und Gärten vorkommenden, die im Frühling zeitiger zum Fressen gelangen. Doch ist es möglich und sogar wahrscheinlich, dass gerade bei dieser Art auch noch andere Factoren, wie die Verschiedenheit der Belichtung und der Art und Reichlichkeit des Futters zwischen Wald und freier Hecke ins Spiel kommen.

Während wir in derartigen Fällen, wo bloss die Grösse der Gehäuse in Frage kommt, noch in der Lage sind, über die Art der variirenden Einflüsse Auskunft zu geben, wird dies bei andern Eigenschaften des Gehäuses schwieriger. Allerdings können wir bei einigen Arten auch für die Färbung gewisse Thatsachen registriren, aber wir können sie nicht genügend erklären, trotzdem sie jedenfalls nicht eine organische, sondern eine physikalische Ursache haben. So pflegen die Stücke von *Arianta arbustorum*, die im Innern der Waldungen und an schattigen Plätzen mit grossblättriger Vegetation leben, dunkler und spärlicher gesprenkelt zu sein, als die frei auf Wiesen und an Hecken vorkommenden Thiere derselben Art. Am hellfarbigsten (natürlich abgesehen von den Verwitterungserscheinungen der Gehäuse) sind manche Stücke der Hochalpen über der Baumgrenze. Doch kommen dort auch dunklere vor. Auch *T. hortensis* pflegt im schattigen Laubwald in etwas andern Farben aufzutreten, als im Freien, namentlich sind die schönen Stücke mit vollständiger oder fast vollständiger Verschmelzung der fünf typischen Bänder bei uns ausschliesslich auf den Wald beschränkt, während *T. nemoralis* solche Stücke auch im Freien an Hecken nicht selten liefert. Doch fehlt es auch der Waldfauna nicht an hellfarbenen, ungebänderten Stücken von *T. hortensis* und zwar haben diese eine ausgesprochene Neigung, in rothgelben und braunrothen Varietäten aufzutreten, die im Freien fehlen. Es ist anzunehmen, dass physiologische, optische und thermische Factoren sich bei der Hervorbringung dieser Farbenvarietäten combiniren, dagegen ist es, wenigstens vorläufig noch, unmöglich, ihre Einzelnbeträge auszumitteln. Bei dieser Gelegenheit mag bemerkt werden, dass die in Nordamerika importirte *T. hortensis*, die jetzt in Schaaren die kleinen Inseln beim Cape Ann (Massachusetts) bevölkert, sich in mehreren nach den Inseln verschiedenen Varietäten entwickelt hat. Auf einer Insel findet sich z. B. ausschliesslich die gelbgrüne einfarbige Form, auf einer andern ebenso ausschliesslich eine gebänderte Form.[1])

Bei *Eulota fruticum* Müll. sind bei uns die dunklen, purpurfarbigen Stücke ausschliesslich auf feuchte Waldlichtungen und sumpfige Wiesen beschränkt, sind aber hier mit milchweissen Stücken gemischt. Solche bilden die ausschliessliche Form der trockenen Wiesenränder und Hecken.

Selbst auf engstem geographischem Rahmen kommen zuweilen Thatsachen vor, für welche uns jede Erklärung mangelt. So ist es z. B. ein merkwürdiges Factum, das schon Prof. A. Mousson aufgefallen war und das ich bestätigen kann, dass die schönen, mit einem braunrothen Mittelband versehenen Stücke von *E. fruticum* sich bei Zürich ausschliesslich auf dem linken Sihlufer, im Höcklerwalde und bei Wiedikon finden, wo sie nicht allzuselten den einfarbigen Stücken beigemischt sind. *T. hortensis* Müll. kommt in unserer Gegend in allen bekannten Bändervarietäten vor, mit Ausnahme derjenigen mit einem einzigen braunen Mittelband (Band 3). Dagegen habe ich diese Form nicht selten im Hohberg-Walde bei Solothurn an Buchenstämmen gesammelt. Bei Zürich finden sich bloss zuweilen albinotische Exemplare, welche das dritte Band in Gestalt eines pigmentlosen, durchscheinenden Streifens angedeutet haben. Die Wälder des Aargauer Jura (z. B. die Gislifluh bei Aarau) sind wieder characterisirt durch Stücke von *T. hortensis* mit braunröthlichem Untergrund und mehr oder weniger fleckig aufgelösten Bändern, die bei Zürich und im Molasse-Gebiet überhaupt ganz fehlen. *T. sylvatica*, die in der Thalsohle des untern Wallis (St. Maurice, Pissevache etc.) durch stark entwickelte und

---

[1]) W. G. *Binney* and T. *Bland*, Land and Freshwater Shells of North America, p. 6, in: Smithson. Miscell. Coll. 294 (1869).

ausgefärbte Fleckenbänder sich auszeichnet, wird schon bei Bern und Aarau bedeutend heller und bei Schaffhausen endlich sind die Flecken und Binden blass und zuweilen obsolet geworden (v. *rhenana* Kob.) *Buliminus detritus* Müll., der im Kettenjura in seiner einfarbigen, weissen Form auftritt, kommt sowohl auf dem Hohentwiel als im untern Wallis in der gestreiften Form (var. *radiatus* Brug.) vor.

Die angeführten Beispiele beweisen, wie ich glaube, hinreichend, wie stark einerseits bei den Landmollusken die Neigung ist, unter dem Einflusse äusserer Factoren Localformen auszubilden und wie rasch sich, geologisch gesprochen, klimatische Differenzen morphologisch ausprägen. Anderseits wird dadurch auch dargethan, wie gering ihre migratorische Beweglichkeit ist, denn nur dadurch wird es möglich, dass die Waldfauna andere Formen aufweist, als benachbarte offene Stellen und dass die Höhenzonen der Gebirge ebenfalls besondere und constante Formen ausbilden.

Noch mag erwähnt werden, dass die Beträge der individuellen Variation hinsichtlich der Färbung, Form und Grösse der Gehäuse bei vielen Arten bei allem Festhalten der specifischen Merkmale innerhalb eines kleinen geographischen Areales sehr erheblich sind.

Es genügt hier, an die Menge der Bändervarietäten unserer Tacheen, z. B. *T. nemoralis* L. an einer und derselben Localität, an die grossen Differenzen in der Gehäusegrösse bei einigen unserer gemeinen Clausilien, wie *Cl. parvula* Stud. und *plicatula* Drap. und bei *Fruticicola villosa* Drap. und *Chilotrema lapicida* L. zu erinnern.

Diese Fähigkeit, auf äussere Einflüsse rasch und ausgiebig morphologisch zu reagiren, verbunden mit der äusserst geringen Entwicklung ihrer activ-migratorischen Fähigkeiten, macht die Landmollusken, wenigstens ihre grössern, weniger leicht verschleppbaren Formen, zu einer für zoogeographische Zwecke, selbst innerhalb eines geographisch engen Rahmens, besonders dankbaren Gruppe, um so mehr, als sie auch für aussereuropäische Länder relativ gut gekannt sind.

Nun befinden wir uns aber bei dieser Gruppe in der eigenthümlichen Lage, in der überwiegenden Zahl der Fälle nicht mit dem eigentlichen Thier, sondern nur mit einem Producte desselben, mit der vom Mantel secernirten Schale operiren zu müssen, da die vergleichende Anatomie der Thiere selbst, namentlich für exotische Gruppen, noch zu lückenhaft bekannt ist. Und dass dies nicht so gleichgültig ist, wie man früher glaubte, beweisen die neuern anatomischen Untersuchungen über einheimische und exotische Schnecken und die Auflösung mancher der alten Genera, die sich als ungerechtfertigte Vereinigungen heterogener Dinge herausgestellt haben. So wurde z. B. eine unserer hübschesten Waldschnecken, *Helix personata* Lam., bis in die neueste Zeit in die nordamerikanische Untergattung *Triodopsis* Raf. gestellt, mit deren zahlreichen Arten sie in der Schale die verführerischste Aehnlichkeit hat. Sie war somit den häufigen Fällen gemeinsamer generischer Typen in der nearktischen und paläarktischen Fauna zuzuzählen. Neuerdings hat aber H. v. Ihering[1]) durch die anatomische Untersuchung nachgewiesen, dass *H. personata* nicht zu der amerikanischen *Triodopsis*-Gruppe zu rechnen ist, sondern den europäischen *Campylaeen* nahe steht, von der wir in der Schweiz noch in *C. cingulata* Stud., *zonata* Stud., *rhætica* Mouss., *foetens* Stud. Formen besitzen, die sich in den Schalencharacteren weit von *H. personata* entfernen. Damit wird natürlich die zoogeographische Beurtheilung der letztern wesentlich geändert.

Ganz derselbe Fall trifft bei einer andern, noch häufigern Schnecke unserer Fauna zu, nämlich *Helix arbustorum*. Für diese hatte Leach seiner Zeit (1820) den Gruppennamen *Arianta* aufgestellt und später wurden eine ganze Reihe von amerikanischen Landschnecken, deren Gehäuse mit der europäischen *A. arbustorum* Aehnlichkeit haben, ebenfalls in die Gruppe *Arianta* eingereiht, so dass auch hier ein Beispiel eines für die nearktische und paläarktische Fauna gemeinsamen Typus gegeben schien. Dann aber wies auch hier die anatomische Untersuchung (C. Semper) nach, dass *A. arbustorum* anatomisch von den amerikanischen arianta-ähnlichen Thieren verschieden sei und dass sie (A. Schmidt, Hesse) dagegen enge Beziehungen zu der europäischen *Campylaea*-Gruppe besitze, der sie daher zunächst anzureihen ist.

Wenn nun auch, wie derartige Fälle darzuthun scheinen, eine erhebliche Entfernung einer Schalenform vom allgemeinen Gruppentypus nicht auch gleichzeitig eine intensive Aenderung der anatomischen Verhältnisse der Weichtheile bedingt, so ist es doch wahrscheinlich, dass wesentliche Aenderungen der Form und der Dimensionen der Gehäuse nach und nach durch die gewöhnlichen Processe der Gewebsmechanik, durch Bildung oder Lösung von Adhäsionen bei Druck oder Zug, durch Druckschwund oder Hypertrophie je nach Beengung oder Freierwerden des Raumes, durch Verschiebung der Orificien und dgl. allmälig auch die relativen Dimensionen der einzelnen Organe ändern und so auch den anatomischen Habitus vom Typus entfernen werde.

Jedenfalls wird bei der Verwendung dieser Gruppe von Landthieren zum Studium der geographischen Verbreitung eine besonders grosse Vorsicht nothwendig sein, um sich vor Trugschlüssen zu sichern. Auch ist stets im Auge zu behalten, dass, so gering auch die active Beweglichkeit der Landmollusken im Ganzen ist, doch die Fälle von beabsichtigter oder unbeabsichtigter Verschleppung durch den Menschen, namentlich für die kleinsten Mollusken, wie die Pupiden, die Vallonien und viele andere nicht selten sind. Einige Beispiele von Verschleppung selbst grösserer

---

[1]) *H. v. Ihering*, Morpholog. und Systematik des Genitalapparates von Helix, in: Zeitschr. f. wiss. Zool.. Bd. 54. p. 466 und 484. (1892).

Formen wurden schon früher (p. 4 und 73) erwähnt. Ihnen wären noch andere anzureihen. So erwähnt Clessin[1]), dass die oberitalienische *Campylaea cingulata* Stud. von Dr. Funk in Bamberg am Staffelberge in Oberfranken angesiedelt worden sei und sich dort erhalten habe.

Von besonderem Interesse ist es auch, den Zuwachs zu betrachten, den die nordamerikanische Landmollusken-Fauna durch die, absichtliche oder unabsichtliche, Einführung europäischer Arten erhalten hat. Er besteht nach Binney und Bland (l. c.) aus folgenden Arten:

Hyalina cellaria Müll., in einigen der atlantischen Häfen und der Küste benachbarten Städten (Boston, Salem, Halifax, Astoria in Long Island etc.).

Hyal. nitida Müll. Am Grossen Sclavensee, Fort Resolution in der Dominion of Canada, New York und Ohio.

Limax flavus L. Boston, Cambridge, New York, Philadelphia, Baltimore, Richmond in Virginien.

L. agrestris L. Boston, New York, Philadelphia. Auch nach Grönland verschleppt.

Fruticicola hispida L. Halifax N. S.

F. rufescens Penn. Quebec.

Tachea hortensis Müll. Auf den Küsteninseln von Neu-Fundland bis zum Cape Cod, auf dem Festland in Gaspé und längs des St. Lawrence-Stromes.

T. nemoralis L. Von Binney absichtlich von England (Sheffield) nach Burlington (New Jersey) gebracht und dort angesiedelt, wo sie sich rasch vermehrte, während die gleichzeitig importierten *H. lapicida* und *Stenogyra decollata* an dieser Localität sofort verschwanden.

Pomatia aspersa Müll. Charleston S. C. (eingeführt um 1840), New Orleans, Portland (Maine), Neu Schottland, Santa Barbara (Californien), San José im Santa Clara Co. (Californien, eingeführt um 1860).

In Mexico war sie schon zu A. v. Humboldt's Zeit eingeführt. Sie ist jetzt sehr häufig in der Umgebung der Hauptstadt Mexico, besonders im Park von Chapultepec.

Sie ist schon seit 1821 aus Cayenne, seit 1815 aus Rio Janeiro bekannt und findet sich auch von Santiago in Chile, sowie von Haiti und Cuba angegeben.

Der Grund der weiten Verbreitung dieser Art im romanischen Amerika und den früher den Romanen gehörigen Theilen von Nordamerika (New Orleans, Californien) liegt darin, dass die Thiere als Nahrung, speciell als Fastenspeise, benützt wurden.

---

[1]) *S. Clessin*, Deutsche Excursions-Mollusken-Fauna, 2. Aufl. 1884, p. 181.

Stenogyra decollata L. Charleston S. C., wo sich die Art rasch vermehrte und seit den Zwanziger-Jahren dieses Jahrhunderts ihren Platz behauptete.

Pupa muscorum L. Golf des St. Lawrence, Maine, Vermont, New York.

Arion fuscus Müll. Boston.

Die relativ grosse Zahl der nach Nordamerika verpflanzten europäischen Landmollusken ist um so auffälliger, als der Austausch ein durchaus einseitiger war, indem, meines Wissens wenigstens, bis jetzt keine einzige nordamerikanische Landmollusken-Art auf europäischem Boden sich angesiedelt hat. Dies erklärt sich am wahrscheinlichsten aus dem Umstande, dass die nordamerikanischen Landschnecken weit mehr vereinzelt und versteckt leben als unsere mitteleuropäischen Arten, die viel leichter mit der menschlichen Thätigkeit in Berührung kommen.

Trotz alledem fehlen aber auch bei den Landmollusken die Beispiele von generischen Typen, die über mehrere der grossen Regionen verbreitet sind und anderseits Fälle von sprungweisem Auftreten von Gattungen, die nicht auf recente Verschleppung zurückzuführen sind und wo über die Identität des Gattungstypus am einen und am andern Fundorte kein Zweifel sein kann, nicht völlig. Ich gebe im Folgenden die Notizen wieder, die mir Hr. Prof. Dr. Oskar Böttger in Frankfurt über diese Fälle brieflich mitgetheilt hat.

Die Gattung *Glandina* H. und A. Ad., die ihr Centrum in Centralamerika und Westindien besitzt und die von da Ausläufer nach dem Süden der Vereinigten Staaten und dem Norden von Südamerika aussendet, ist in 4—5 Arten auch im paläarktischen Gebiet lebend vertreten und ist auch zahlreich fossil in Europa, namentlich im Oligocän und Miocän.

Das Subg. *Eustreptaxis* Pfr. der Gattung *Streptaxis* Gray ist durch je verschiedene Arten vertreten in West- und Central-Afrika, Seychellen, Andamanen, Nicobaren, Hinterindien bis S. China und im tropischen Südamerika. »Wahrscheinlich besser 2 Gruppen« (Böttger).

Das Subg. *Odontartemon* Pfr. derselben Gattung hat eine ähnliche Verbreitung, findet sich aber ausserdem noch in Südindien und Ceylon.

Das Subg. *Diaphora* Alb. von *Ennea* H. und A. Ad., dessen Centrum die Philippinen sind, besitzt eine Art in Hinterindien.

Die Gattung *Macrocyclis* Beck tritt im Westen von Nordamerika und dann wieder in Chile auf, fehlt aber in der Zwischenregion.

Hapalus Alb. besitzt Arten im tropischen Afrika, auf Mauritius, in Ostindien und auf den Philippinen.

Geostilbia Crosse ist sicher vorhanden in Neucaledonien und auf den Philippinen, zweifelhaft dagegen ist die Angabe »Westindien«.

Tornatellina Beck, reich vertreten auf den pacifischen Inseln und in Australien, hat auch Arten auf den Maskarenen und Philippinen.

»Die beiden letztgenannten Gattungen repräsentiren übrigens nur ganz kleine, leicht verschleppbare Arten« (Böttger).

Hypselostoma Bens. kommt vor in Hinterindien und auf den Philippinen.

Die grosse, vorwiegend paläarktische Gattung *Clausilia* Drap., auf deren Verbreitung wir in einem spätern Abschnitt dieses Aufsatzes noch eingehender zurückkommen werden, besitzt eine Gruppe (*Nenia* H. u. A. Ad.) in den Anden Südamerikas und eine andere (*Garnieria* Bgt.), die von *Nenia* nur wenige Unterschiede aufweist und die mit 5—6 Arten in Hinterindien, auf Hainan und in Südchina vertreten ist. »Also genau wie die Verbreitung der Tapire in der Jetztzeit.« (Böttger.)

Das Subg. *Hainesia* P. von *Megalomastoma* Guild. ist in Mauritius, Madagaskar und Ecuador vertreten. »Letztere Art kenne ich nicht.« (Böttger.)

Cyclotopsis W. T. Blanf. hat Arten in Ostindien, Seychellen, Mauritius.

»Dies ist Alles, was ich finden kann, alle übrigen Angaben beruhen auf Irrthümern,« fügt Böttger seiner Liste bei. Ich möchte derselben indessen noch einen weitern Fall beifügen. Ich fand nämlich vor Jahren am Südwestabhang des Volcan de Santa Maria (N. W.-Guatemala) eine neue *Diplommatina*-Art, die seither von Prof. E. von Martens beschrieben wurde (*D. Stolli*).[1]) Nun gehört *Diplommatina* zu den Gattungen, die bis jetzt nur vom tropischen Indien, den Sunda-Inseln und Polynesien bekannt waren und der einzige früher von einer amerikanischen Localität bekannte Fall betrifft eine Art (*D. huttoni* Pfr.), die von Guppy in Trinidad gefunden wurde, die aber in Indien heimisch ist, so dass ihre Verschleppung nach Amerika ganz zweifellos ist. Dagegen möchte ich die Art von Guatemala für autochthon halten, denn erstlich stimmt sie mit keiner der bekannten indonesischen Arten überein und dann fand ich meine drei Stücke[2]) derselben in der faunistisch so ausserordentlich reichen Urwaldzone des »Xolhuitz« in ca. 1000 m Höhe in einer Gegend, wo der Wald wenige Tage zuvor, wohl zum ersten Mal, zum Zwecke der Anlage einer Kaffeeplantage niedergelegt worden war. Sie sassen auf der Unterseite von Rindenstücken am Boden und fielen mir, da ich damals mit den übrigen Mollusken dieser Gegend schon gut vertraut war, sofort als eine ganz fremdartige Form auf. Bei den Erdbewegungen, welche die Urbarmachung dieses Waldgebietes im Gefolge hatte, kamen Reste der frühern indianischen Bevölkerung zu Tage; ich selbst habe in jenen Wäldern eine Reihe von bearbeiteten Obsidianstücken gesammelt, nie aber wurde die geringste

---

[1]) E. v. *Martens*, Mollusca, p. 20, Tab. I figg. 19 a, b, in: Biologia Centrali-Americana.

[2]) Zwei davon sind dem Museum in Berlin einverleibt worden, das dritte trat ich an Prof. Mousson ab.

Spur einer frühern europäischen Besiedelung gefunden. Eine solche ist auch höchst unwahrscheinlich, da diese ganze Region von den alten Ortschaften und Verkehrsstrassen der spanischen Zeit entfernt gelegen, sehr schwer zugänglich und für den früheren Pflanzungsbetrieb der Spanier völlig werthlos war. Deswegen glaube ich bestimmt, dass es sich in diesem Falle nicht um eine Verschleppung handelt.

Auch scheint mir hier noch die tropische Nacktschnecken-Gattung *Veronicella* Blainv.[1]) erwähnenswerth, von der ich eine Art (*V. Moreleti* Crosse & Fischer) im Tieflande von N. W. Guatemala in den Wäldern um Retalhuleu zuweilen sammelte, die aber ausserdem auch im übrigen tropischen und subtropischen Amerika, von den Bermudas und Florida bis Argentinien und Chile hinab, specifisch verschiedene Vertreter zählt und die dann wieder auf den Philippinen, in China, den Sunda-Inseln, in Hinter- und Vorderindien auftritt. Sie ist aber auch in der ganzen äthiopischen Region und auf den angrenzenden Inseln durch besondere Arten vertreten, so in Natal, Delagoa-Bai, Mozambique, Sansibar, Liberia, Goldküste, Ilha do Principe (mit je 1 Art an jeder der genannten Stellen), dann in Madagaskar, den Comoren, den Seychellen und Mauritius (mit je mehreren Arten) und endlich mit je einer Art auf Bourbon und Rodriguez. *Veronicella* gehört zu den gut characterisirten, generischen Typen.

Auch die tropische Nacktschnecken-Gattung *Limacella* Blainv., der einzige Vertreter der *Philomycinen*, hat nach Cockerell eine sehr eigenthümliche Verbreitung: »it occurs in Central America and Eastern North America, but not at all west of the Rockies. It reappears in the Chino-Malay and Indian regions, the only intermediate localities being Japan and the Sandwich Is.«

Die Subfam. *Binneyinae* (*Arionidae*), deren artenarme, zum Theil monotypische Gattungen (*Binneya* J. G. Coop., *Cryptostracon* W. G. Binn., *Hemphillia* Bl. und Binn. etc.) in Nord- und Süd-Amerika vorkommen, taucht in der Gattung *Otoconcha* Hutt. auf der Nordinsel von Neu-Seeland wieder auf, »nor is this the only resemblance between the Mollusca of Western North America and New Zealand« (Cockerell).[2])

Fälle von weiter Verbreitung von Nacktschnecken durch den Menschen sind ebenfalls beobachtet worden. So ist *Limax flavus* L. gegenwärtig ausser Europa von den östlichen Vereinigten Staaten, ferner von St. Helena, Rarotonga, den Neuen Hebriden und von Australien (Sidney) bekannt. Die *Pirainea*-Gruppe der Gattung *Amalia* Moq. Tand. ist gegenwärtig in der Mittelmeerregion, in Westeuropa, auf der Pacifischen Seite von Nordamerika, in Neu-Seeland und Australien vertreten und die Formen dieser Localitäten betrachtet Cockerell als

---
[1]) T. D. A. Cockerell, On the Geographical Distribution of Slugs, in: Proc. Zool. Soc. Lond. 1891.

[2]) T. D. A. Cockerell, l. c. p. 222.

autochthone. Sie ist aber ausserdem vorhanden auf den Atlantischen Inseln, am Cap der Guten Hoffnung, in Brasilien, in Juan Fernandez, auf den Sandwich-Inseln, und hier ist der vorerwähnte Autor, der neueste Schriftsteller über die geographische Verbreitung der Nacktschnecken, geneigt, die Verbreitung auf zufällige Einschleppung durch den Menschen zurückzuführen.

Die Auflösung in mehrere, vicarirend verschiedene Regionen characterisirende Gattungen oder Untergattungen ist bei den Landmollusken nicht selten. Ein solches Verhältniss findet z. B. statt bei den Cyclophoriden-Gattungen *Aperostoma* und *Cyclotus*. »Die tropisch-amerikanischen (*Aperostoma* Crosse) und die tropisch-indischen (*Cyclotus* Guild.) sind nach Thier und Schale zwei ganz verschiedene Gattungen.« (Böttger.) Eine ähnliche Auflösung hat sich bei der alten Gattung *Cyclostoma*, die bei uns durch *C. elegans* Müll. im Jura und im Becken des Genfersees vertreten ist, vollzogen. »Die frühere Gattung *Cyclostoma* Lam. zerfällt in drei nach Schale und Thier gut geschiedene Gattungen: *Cyclostoma* Lam. im paläarktischen Gebiet; *Tropidophora* Gray im tropischen Afrika, namentlich in Madagaskar, und *Colobostylus* in Westindien.« (Böttger in litt.)

Auch innerhalb einer und derselben Region fehlt es nicht an Fällen einer auffallenden Trennung zusammengehöriger Formen. Böttger's Liste enthält davon die folgenden beiden:

»*Carychium* Müll. Subgen. *Zospeum* Bgt. Höhlen in Krain; eine Art in Höhlen Spaniens. Letztere Art seit Jahrzehnten nicht wieder gefunden.«

»*Clausilia* Drp. Subgen. *Alopia* H. u. Ad. Siebenbürgen; eine isolirte Art in den Gebirgen Mittelgriechenlands (Parnassos).«

Der erste Fall betrifft das von Frauenfeld beschriebene *Z. Schaufussi*, der zweite *Al. Guicciardi* Roth.

Böttger ist der Ansicht — und das Urtheil eines so gewiegten Systematikers ist bei dieser schwierigen Gruppe von besonders hohem Werthe — dass so schlagende Beispiele, wie das von Megisthanus unter den Milben, bei den Schnecken überaus selten sind und dass die entsprechenden Fälle bei den Landschnecken denen bei den Gliederthieren nicht ganz gleichwerthig sein werden. »Sprungweise Gattungsverbreitung bei den Mollusken fordert stets die Kritik der Systematiker heraus, denen es fast immer nicht schwer fällt, nachzuweisen, dass die betreffenden Thiere guten und wesentlich verschiedenen Gattungen zugehören. Auffallende Analogieen sind nicht allzuselten; so die Aehnlichkeit der philippinischen Heliceen-Gattung *Aulacospira* Möll. mit der Gattung *Ochthephila* Lowe von den Atlantischen Inseln.«

Immerhin fehlen, wie aus der vorstehenden Zusammenstellung erhellt, auch bei dieser Gruppe die Fälle von Gattungsarealen, die durch weite Lücken disjungirt sind, nicht vollständig.

II. Theil.

Nachdem nun in den frühern Abschnitten dieser Arbeit das Vorhandensein auffallend grosser und dabei zum Theil stark disjungirter Verbreitungsareale in sämmtlichen Ordnungen der landbewohnenden Wirbellosen constatirt worden ist, sollen im Nachstehenden zwei specielle Beispiele gut characterisirter generischer Typen hinsichtlich ihrer geographischen Verbreitung etwas eingehender untersucht werden. Wir wählen hierfür die Acariden-Gattung *Megisthanus* Thor. für die Arthropoden und die Pulmonaten-Gattung *Clausilia* Drap. für die Mollusken.

A. Die geographische Verbreitung der Megisthanus-Arten und eine neue Species dieser Gattung.

Im Jahre 1882 stellte der schwedische Arachnologe T. Thorell[1]) in ausführlicher und genauer Diagnose die Gattung Megisthanus für einige auffallend grosse Arten von Gamasiden aus dem indo-australischen Inselgebiete auf. Thorell beschrieb damals folgende Arten als zu dieser neuen Gattung gehörig:

Megisthanus caudatus Th. (♀) von Tji-bodas (Java)
„ *brachyurus* Th. (♀) von Tji-bodas
„ *testudo* Th. (♂) von Tji-bodas
„ *doreianus* Th. (♀) von Dorei (Neu-Guinea)
„ *hatamensis* Th. (♀) von Hatam am Arfakberge (Neu-Guinea).

Zu jener Zeit konnte der ausgeprägte sexuelle Dimorphismus, der manche Megisthanus-Arten characterisirt, noch nicht bekannt sein. Heute dagegen werden wir auf Grund eingehender Kenntniss der Gattung Megisthanus zu der Annahme Anlass haben, dass ein paar der von Thorell als besondere Arten benannten Formen zusammengehören. In der That sprach schon im Jahre 1884 Prof. Giovanni Canestrini die Vermuthung aus[2]), dass *M. testudo* als Männchen und *M. doreianus* als Weibchen eine und dieselbe Art ausmachen. Da nun aber *M. testudo* bloss von Java, *M.*

---

[1]) *T. Thorell*, Descrizione di alcuni Aracnidi inferiori dell'Arcipelago Malese. p. 32 u. ff. in: Annali del civico Museo di Genova. vol. XVIII. 1882.

[2]) *G. Canestrini*, Acari nuovi o poco noti p. 14. in: Atti del R. Istituto veneto di scienze, lettere ed arti vol. II ser. VI. 1884.

doreianus bloss von Neu-Guinea und dem tropischen Neu-Holland (Queensland) nachgewiesen ist, so ist ein sicherer Entscheid über die Artzusammengehörigkeit beider Formen hier zur Zeit noch um so weniger möglich, als die Aehnlichkeit der Körperform bei *M. testudo* und *M. doreianus* bei einer so stark zum Dimorphismus neigenden Gattung von keinem Belang ist.

Dagegen kann man, angesichts der unverkennbaren Neigung zum Polymorphismus bei den Arten der Gattung Megisthanus, die von Thorell gegebenen Abbildungen von *M. caudatus* und *M. brachyurus* nicht betrachten, ohne versucht zu sein, sie für verschiedene Formen einer und derselben Art zu halten. Es wäre auch nicht auffallend, wenn späterhin, auf Grund eines reichlicheren Materiales, *M. doreianus* und *M. hutamensis* sich als zu einer einzigen Species gehörige Formen herausstellen sollten.

Im Jahre 1888 beschrieb A. Berlese[1]) aus dem von A. Balzan in Südamerika gesammelten Material eine Gamasiden-Art vom Rio Apa (Paraguay), die er *Megisthanus armiger* nannte und die ich auch als in Mexiko lebend nachwies.[2]) Die genauere Kenntniss der Gattung *Megisthanus*, die ich seither erlangte, hat mir jedoch gezeigt, dass die von Berlese und mir als *M. armiger* beschriebene Species nicht zu *Megisthanus* Thor. gerechnet werden kann und einer besondern, noch zu schaffenden Gattung angehört. Dies ist um so bemerkenswerther, als durch den Wegfall dieser Species das Verbreitungsareal der Gattung *Megisthanus* wieder schärfer auf das eigentliche Tropengebiet beschränkt erscheint. Dagegen bildet eine andere von mir aus Centralamerika beschriebene und abgebildete Gamasiden-Art *(M. gigantodes)*, die ich auf Passaliden und Geotrupiden gesammelt hatte, einen exquisiten Vertreter der typischen Thorell'schen Gattung. Nach den dürftigen Angaben, welche der Begründer der modernen Acarologie, A. Dugès, über die von ihm als »Gamase Géant« beschriebene, von Saltzmann auf *Copris minius* in Brasilien gefundene Art macht, würde diese Art fast zweifellos ebenfalls zu Megisthanus Thor. zu rechnen sein.

War nun schon das Auftreten einer so characteristischen, ursprünglich nur aus dem indonesischen und australischen Gebiete bekannten Gattung im tropischen Amerika beachtenswerth, so erlangte das Studium der geographischen Verbreitung der Megisthanus-Arten für das uns beschäftigende Thema ein wesentlich erhöhtes Interesse, als ich unter meinen Vorräthen exotischer Gamasiden eine weitere Megisthanus-Species auffand, welche ich von einer tropisch-afrikanischen Localität, nämlich von Akkra an der Goldküste[3]) besitze.

---
[1]) *A. Berlese*, Acari Austro-Americani p. 34. in: Bollettino della Società Entomologica Italiana, anno XX 1888.

[2]) *O. Stoll*, Arachnida Acaridea p. 34. in: Biologia Centrali-Americana. London 1886 1893.

[3]) Unter andern Exemplaren liegt mir ein Männchen dieser Art mit der Angabe „Auf Tenebrioniden" vor.

Ihre Characteristik ist die folgende:

Megisthanus afer n. sp.
(Taf. I und II. Fig. 1—5.)

.. Ganze Körperlänge 2,5—2,75 mm. Grösste Breite 2 mm. Körper flach gewölbt, länger als breit, eiförmig, rothbraun, glänzend. Dorsalplatte gross, eiförmig, am Körperrande mit einem schmalen, weisslichen Saum umgeben, der an den Seiten hinter der Körpermitte am breitesten, am Vorderrand am schmälsten ist. Durch zwei feine Seitenfurchen, die nahe dem Vorderrand beginnen und sich nach hinten immer mehr vom Seitenrand entfernen, um sich nahe dem Hinterrand in flachem, undeutlichem Bogen zu vereinigen, wird über die Mitte der Rückenplatte ein längliches Mittelfeld abgegrenzt. Die Fläche der Dorsalplatte trägt zahlreiche Punktgruben, die zum Theil kurze Borstenhaare tragen. Da diese leicht ausfallen, ist es wahrscheinlich, dass bei ganz frischen Stücken sämmtliche Punktgruben mit Borsten besetzt sind, die bei ältern Exemplaren verloren gingen und daher die betreffenden Stellen kahl erscheinen lassen.

Sternalplatte lang gestreckt, glatt, an Vorder- und Hinterrand abgestutzt. Vorderer Theil der Sternalplatte erweitert, in demselben liegt die kreisrunde Genitalöffnung. Seitenränder der Sternalplatte entsprechend den Trochanteren ausgerandet, Mitte der Platte verengert, hinterer Theil mässig erweitert, am Hinterrand desselben stehen die beiden sich berührenden, runden, für die Gattung Megisthanus characteristischen Haftgruben, aus deren Centrum eine kurze Borste sich erhebt.

Analplatte quer gestellt, breiter als lang, von der Sternalplatte durch ein schmales Stück der weisslichen Bindehaut getrennt, fast halbmondförmig mit geradem Vorderrand und gerundetem Hinterrand. Analöffnung in der Nähe des Vorderrandes.

Seitenplatte jederseits gross, fast dreieckig mit gerundeten Winkeln, von der Sternalplatte und dem Körperrand durch einen schmalen Saum der Bindehaut getrennt, die Hinterecke der Seitenplatten überragt den Hinterrand der Sternalplatte etwas.

Die sämmtlichen Bauchplatten sind spärlich mit sehr kurzen Borstenhaaren besetzt. Die Haare der Bindehaut sind etwas länger, sie sind zahlreicher am Körperrand, etwas spärlicher auf der Ventralfläche.

Erstes Beinpaar gracil, lang, antennenförmig, mit spärlichen Haaren und am apicalen Ende der Glieder mit sehr kleinen, schwierig zu sehenden Dörnchen in folgender Weise besetzt: Zwei kleine nebeneinanderstehende Zähnchen auf der Aussenseite der Spitze des dritten, vierten und fünften Gliedes.

Die übrigen Beinpaare sind kürzer und dicker als das erste, spindelförmig, mit Haaren und theilweise mit kurzen Zähnen oder zahn- oder schuppenförmigen Erhebungen der Cuticula besetzt. Ein kurzer, etwas gebogener Zahn steht etwas hinter der Mitte des fünften Gliedes des zweiten Beinpaares. Das dritte Beinpaar ohne Dornen und Zähne. Auf der Rückenseite der Femora des dritten Beinpaares eine Reihe von drei starken Borstenhaaren, an ihrer Basis ist die Cuticula etwas aufgeworfen. Eine Reihe von vier derartigen Borstenhaaren steht auf der Rückenseite der Femora der Hinterbeine, auf ihrer Unterseite fehlen eigentliche Zähne, wie sie bei andern Megisthanus-Arten sich an dieser Stelle finden, aber es ist wenigstens die Epidermis gegen die Schenkelspitze hin an der Basis der Borstenhaare aufgeworfen, so dass sie im Profil zahnartig wellig erscheint.

Epistom gross, dreieckig mit herabgebogenen Seitenrändern, nach vorn in eine kurze Spitze auslaufend. Palpen lang, mit Borstenhaaren besetzt, ohne Dornen und Zähne. Hypostom jederseits mit einem langen, schmalen, gegen die Spitze hin gekrümmten Maxillarzahn, in der Mitte läuft das Hypostom in eine schmale, aus mehreren Borsten gebildete, spitze Zunge aus. Die Mandibeln zeigen den für die Gattung characteristischen Bau: die Scheere ist lang und schmal, der bewegliche Arm trägt auf der Innenseite ca. 10, der feste ca. 14 Zähne. Auf der Basis des festen Armes erhebt sich ein denselben überragender, bürstenähnlicher Anhang mit mehreren Reihen kleiner, widerhakenähnlicher, sehr transparenter Zähnchen. Der bewegliche Scheerenarm ist gegen die Spitze hin mit drei auf der Fläche aufsitzenden, handförmig getheilten, durchsichtigen Wedeln besetzt. Die Spitze dieses Scheerenarmes ist von einer in verschiedener Weise verbogenen und gefalteten durchsichtigen Membran umhüllt.

♀. Körperlänge 2,5 mm. Grösste Breite 1,25—1,5 mm. Körper gestreckt, schmaler als beim ♂, flachgewölbt, nach hinten zugespitzt, fast spindelförmig, Körperende abgerundet.

Rückenplatte durch einen nach rückwärts breiter werdenden Saum der weisslichen Bindemembran von den Bauchplatten geschieden, grubig punktirt, die Punktgruben theilweise mit Haaren besetzt, am Hinterende trägt die Dorsalplatte kurze, dichter stehende Härchen, die sich unter dem Mikroskop als Fiederhaare erweisen. Die jederseits, wie beim Männchen, vorhandenen Seitenfurchen vereinigen sich nahe dem Hinterrande der Dorsalplatte. Auch die seitliche Bindehaut ist mit haartragenden Gruben besetzt und bei vollständig erhaltenen Exemplaren zeigt sich am Hinterrand des Körpers eine Reihe von 6 längeren Borstenhaaren. Sternalplatte wie beim Männchen, bloss ist ihre ganze Breite nahe dem Vorderrande durch die grosse, viereckige Genitalöffnung eingenommen, deren Winkel abgerundet sind und die durch zwei thürflügelförmige, in der Körpermitte in einer Längsspalte aneinanderstossende Platten geschlossen wird. Ferner fehlen, entsprechend ihrem Character als secundäres Geschlechtsmerkmal, am Hinterrande die beiden Haftnäpfe des Männchens.

Analplatte ebensolang als breit, ihr Vorderrand gerade, Seitenränder bogenförmig nach aussen geschweift, Hinterrand abgerundet.

Seitenplatten, sowie das Epistom und die Mundtheile wie beim Männchen, ebenso die Beine, die sich von denen des Männchens bloss dadurch unterscheiden, dass ihnen Dornen und Zähne fehlen, mit Ausnahme der schuppig aufgeworfenen Cuticula am Ende der Unterseite der Glieder 2—5 der beiden hintern Beinpaare.

Wenn wir nun die Gesammtverbreitung der Gattung *Megisthanus* überblicken, so überzeugen wir uns, dass dieselbe Gebiete umfasst, welche auf die Tropen sämmtlicher Erdtheile — mit Ausnahme des continentalen Asien [1]) — vertheilt sind. Diese Gebiete — Java, Neu-Guinea, Nordaustralien, Centralamerika, Goldküste — bilden die in der Jetztzeit durch weite Meere getrennten inselförmigen Bruchstücke einer intratropischen Zone, welche die ganze Erde umspannt und in welcher die sämmtlichen zoogeographischen Provinzen der Tropen vertreten sind: die äthiopische, orientalische, australische und neotropische Region. Es bildet also die Gattung Megisthanus ein instructives Beispiel der ringförmig geschlossenen Verbreitungsareale, von denen in den »Allgemeinen Bemerkungen« die Rede war.

Berücksichtigen wir nun, dass Megisthanus an all' den genannten, so weit auseinander liegenden Punkten durch specifisch gut unterschiedene Arten vertreten ist, so werden wir nicht geneigt sein, eine recente, d. h. seit dem Bestehen der heutigen Configuration der Erdoberfläche eingetretene »Wanderung« für diese weite und auffällige Verbreitung verantwortlich zu machen, sondern deren Grund anderswo zu suchen. Auch der Umstand, dass die Megisthanus-Arten, wie andere Gamasiden, einen Theil ihres Daseins parasitisch auf Käfern zubringen, wird in diesem Falle nicht zu Gunsten einer »Wanderung« ins Feld geführt werden können.

Anderseits wird der Leser, der sich die Mühe nimmt, die von Thorell und mir gelieferten Zeichnungen der Scheerenkiefer der verschiedenen Megisthanus-Arten zu vergleichen, nicht ohne Erstaunen constatiren können, in welch hohem Grade die Einzelnheiten dieses Organs z. B. bei *M. brachyurus* Thor.[2]) von Java, bei *M. gigantodes* Stoll[3]) von Guatemala und bei *M. afer* Stoll[4]) von der Goldküste übereinstimmen.

[1]) Bei der Unvollständigkeit, mit der die terrestrische Mikrofauna der Tropen zur Zeit noch bekannt ist, hat dieser Ausfall nichts Auffallendes. Es steht vielmehr zu erwarten, dass Megisthanus-Arten auch im continentalen tropischen Asien sich werden nachweisen lassen.

[2]) *Thorell*, Descriz. di alc. Aracnidi inferiori etc. Tav. V Fig. 32.
[3]) *Stoll*, Arachnida Acarides. Tab. 18 Fig. 2 g.
[4]) S. diese Arbeit Taf. I Fig. 4.

Die Würdigung dieses Umstandes wird erst in den »Schlussbetrachtungen« ihre Stelle finden können.

B. Die geographische Verbreitung der Landschnecken-Gattung Clausilia.

Die artenreiche Gattung Clausilia liefert ein zu thiergeographischen Studien sehr geeignetes Material. Die Lebensgewohnheiten der Clausilien sind derart sesshaft, dass ihre active Wanderung nur sehr langsam vor sich gehen kann. Ferner bildet der für die Untersuchung zugänglichste Theil, die Schale, gerade bei dieser Gruppe ein besonders feines Reagens auf geographische Aenderungen selbst anscheinend geringfügigen Betrages, indem die Isolirung stark variirend auf die einzelnen Arten einwirkt. Sehr schön zeigt sich dies bei jenen Formen der *Albinaria*-Gruppe, welche durch den Einbruch des aegäischen Meeres und die Auflösung der einstigen Continentalbrücke zwischen Griechenland und Kleinasien in einen inselreichen Archipel von ihren Verwandten getrennt worden sind. So tritt z. B. *A. caerulea* Fér. auf jeder der kleinen Inseln ihres Verbreitungsgebietes in einer besondern Localvarietät auf. Auch die Gehäusefarbe der Albinarien ist in deutlicher Weise von der Beschaffenheit ihrer äussern Umgebung beeinflusst. Für die merkwürdige Gruppe der Alopien oder Baleo-Clausilien von Siebenbürgen hat v. Kimakowicz gezeigt, dass das Vorhandensein oder Fehlen des Verschlussapparates (Clausilium), der doch der ganzen Gattung den Namen gab, nicht, wie man früher glaubte, stets specifische Unterschiede zwischen den einzelnen Arten begründet. Sondern bei gewissen Alopien entbehren die Individuen, welche die höchsten Bergspitzen bewohnen, des Schliessapparates, weil sie in beständig feuchter Atmosphäre leben, während die Individuen derselben Art, die tiefer am Gebirge in trockenerer Umgebung wohnen, einen mehr und mehr sich vervollkommenden Schliessapparat aufweisen.

Die Clausilien gehören zu den circumterranen Landmollusken, indem ihre Arten, deren Zahl man auf mindestens 700 veranschlagen kann, die beiden grossen Festlandmassen der Erde bewohnen. Aber ihre Verbreitung ist eine ganz eigenthümliche und lückenhafte, und die von Clausilien bewohnten Gebiete werden von weiten Strecken clausilienloser Gegenden unterbrochen. Clausilien treten an Orten auf, wo wir sie nicht ohne weiteres suchen würden, wie in Abessinien, in Puerto Rico und auf den Hochgebirgen des nordwestlichen Südamerika, sie fehlen andererseits in grossen Gebieten, wo wir sie mit einiger Berechtigung erwarten würden, wie in ganz Nordamerika und in Sibirien.

Dasjenige von Clausilien bewohnte Gebiet, das an Fläche das grösste und an Zahl der Arten das weitaus reichste ist, fällt in die paläarktische Region. Es umfasst ganz Europa mit den Inseln der Madeira-Gruppe, und dem mittleren Theil von Nordafrika (Algerien und Tunis), ferner

Kleinasien, Syrien und den Kaukasus. Verfolgen wir von hier die Clausilien weiter nach Osten, so fällt uns vor allem der Umstand auf, dass, mit zwei sofort zu erwähnenden Ausnahmen, die Südgrenze ihres Verbreitungsgebietes bestimmt wird durch den Verlauf der grossen Züge von Kettengebirgen, welche (im Sinne von Suess) das eurasiatische Festland gegen die indo-afrikanischen Tafelländer abgrenzen.

Wir sehen nämlich, dass die Verbreitung der Clausilien mit den paar Arten der Mauritanica-Gruppe der Untergattung *Delima* in den Bergen von Tunis und des östlichen Algeriens ihren vorläufigen Abschluss gegen das südlich vorgelagerte Wüstengebiet findet. Die Grenze setzt dann in axialer Richtung durch das westliche Mittelmeer über Malta mit Gozzo, Creta und Cypern südlich von Beirut auf die syrische Festlandküste über. Vom Libanon an ostwärts folgt dann eine breite Lücke, indem aus den äussern Falten der eurasiatischen Ketten, also aus dem innern und südlichen Persien, aus Belutschistan und Afghanistan zur Zeit noch keine Clausilien bekannt sind. Dagegen ist aus den innern Faltenzügen, aus der Landschaft Ghilan wenigstens eine Art (*Claus. Lessonae* Issel) beschrieben worden. Sie schliesst sich an die transkaukasischen und armenischen Arten an und bildet so, nach heutiger Kenntniss, den am weitesten nach Osten vorgeschobenen Posten des westlichen, zusammenhängenden Verbreitungsareales.

Jenseits der genannten Lücke treten dann Clausilien erst wieder auf im westlichen Himalaya, im Gebiete des obern Satladsch; sie folgen dann dem Südabhang der Himalaya-Ketten nach dem regenreichen Assam, wo sie über die Khassia- und Naga-Berge in die Ketten von Arakan übergehen. Sie fehlen auch nicht auf den Horsten alter Gebirgsbogen, zwischen denen das verbindende Land längst eingebrochen ist: auf den Nicobaren, Sumatra, Java, den Gebirgen von Serawak. Sie erreichen, wenigstens nach unsern heutigen Kenntnissen, ihre Ostgrenze auf Ternate und Halmahera.

Auf dem asiatischen Festland finden sich Clausilien von der Halbinsel Malakka durch Cambodja und Cochinchina über die Inseln Hainan und Formosa und die Lu-Tschu-Gruppe tief in die Gebirge des litoralen und centralen China bis nach Ost-Tibet hinauf, wo von David in der Provinz Mupin noch drei Arten (*Cl. Thibetiana* Desh., *serrata* Desh. und *gibbosula* Desh.) gesammelt wurden. Nördlich vom Hoang-ho scheinen die Clausilien in China zu fehlen, dagegen treten sie in Korea und vor allem im japanischen Archipel neuerdings in zahlreichen und theilweise grossen Arten auf.

Wir sehen also, dass auf dem ostasiatischen Festlande und den ihm vorgelagerten Archipelen Indonesiens, der Molukken und Japans die Trennung einer paläarktischen von einer orientalischen Region für die Gattung Clausilia nicht ohne weiteres durchzuführen ist, sondern die überwiegende Zahl der in diesem Theile Asiens lebenden Clausilien zeigt eine so grosse Uebereinstimmung der Schalencharactere, dass man sie früher zu einer einzigen Gruppe, *Phaedusa* H. et A. Adams, vereinigte, die dann durch Böttger weiter zerlegt worden ist. Ihr westlichster Vertreter ist *Phaedusa perlucens* Böttg. aus dem östlichen Kaukausus (Kusari bei Kuba).

Wenn es nun auch nach dem bisher geschilderten chorographischen Verhalten der Clausilien ausser Frage ist, dass dasselbe in naher Beziehung zu den alten Grenzen Eurasiens gegenüber Indo-Afrika steht, in der Weise, dass die ausgedehntesten und an Arten reichsten Gebiete unserer Gattung sämmtlich innerhalb des alten Eurasien fallen, so sind doch anderseits gewisse Eigenthümlichkeiten dieses Verhaltens nicht zu übersehen.

Um zunächst bei der sogenannten „alten Welt" zu bleiben, muss es billigerweise auffallen, dass aus dem ganzen ungeheuren Gebiete der paläarktischen Region, welches im Westen vom Ural, im Süden von den Ketten des Atrek-Thales, des Hindukusch und der innertibetanischen Gebirge begrenzt wird und nach Norden bis ans Eismeer reicht, also aus Ost- und West-Sibirien, aus Central-Asien, aus Central- und West-Tibet, der Mongolei und Mandschurei, keine einzige Clausilie bekannt ist, während diese Gebiete doch für andere Landmollusken-Gattungen (Helix, Buliminus etc.) hinlänglichen Anchluss an die europäischen und mediterranen Subregionen der paläarktischen Region zeigen. Mögen auch spätere Forschungsreisen noch die eine oder andere Clausilienform aus diesen Gegenden zu Tage fördern, so werden sie doch allem Ermessen nach stets als clausilienarme Gebiete zu gelten haben.

Ein weiterer auffälliger Punkt in der Geographie der Clausilien liegt in der Thatsache, dass an zwei Stellen, die in erheblicher Entfernung ausserhalb der eurasiatischen Grenzwälle im Gebiete der indoafrikanischen Tafeln liegen, Clausilien, allerdings in sehr wenigen Arten, vorkommen, nämlich an den Aussenrändern des abessinischen Hochlandes *Claus. [Macroptychia] sennaariensis* Pfr. und *dysthereta* Jick.) und in den Gebirgen des südlichen Ceylon (*Claus. [Euphaedusa] ceylanica* Bens.). Die Lage dieser Fundorte in beträchtlicher Erhebung über Meer und der Umstand, dass es sich bei diesen indo-afrikanischen Clausilien, wenigstens bei den Afrikanern um besondere, eigenthümliche Formen handelt, spricht von vornherein gegen die Annahme, dass es sich dabei etwa bloss um Verschleppung aus dem eurasiatischen Gebiete handle.

Eine besondere Stellung unter den Fundgebieten der Clausiliden nehmen ferner die Arten der Böttgeria-Gruppe ein, welche Madeira und Porto-Santo bewohnen. Es ist nicht leicht, eine ausreichende Erklärung dieses aberranten Vorkommens zu geben, nur soviel kann gesagt werden, dass die von Wallace gemachte Annahme einer relativ recenten passiven Wanderung über die Meeresstrecke, welche die Madeira-Gruppe von Nordwest-Afrika trennt, hier kaum zutrifft. Wallace sagt:[1] „It has been already stated that the means by which land mollusca have been carried across arms of the sea are unknown, although several modes may be suggested; but it is evidently a rare event, requiring some concurrence of favourable conditions not always present. The diversity and specialization of the forms of these animals is, therefore, easily explained by the fact, that, once introduced, they have been left to multiply under the influence of a variety of local conditions, which inevitably lead, in the course of ages, to the formation of new varieties and new species." — Manches im geologischen Bau der Madeira-Gruppe spricht dafür, dass wir in ihr nicht bloss jungvulkanisches und tertiär-vulkanisches Gebirge mit an- und aufgelagerten Schollen marin-tertiärer Sedimente zu erblicken haben, sondern dass ihre Grundlage einen Rest alten, zum grossen Theil durch jüngere Auflagerungen verdeckten Landes darstellt. Demgemäss würden wir auch die Clausilien der Boettgeria-Gruppe, trotzdem noch keine fossilen Vertreter derselben bekannt sind, nicht bloss als passiv verschleppte Afrikaner relativ jungen Alters, sondern als Relicte einer alten eurasiatischen Continental-Fauna ansprechen dürfen.

Wenden wir uns zur „neuen Welt", so 'finden wir, ganz isolirt und durch weite Räume von den bisher besprochenen getrennt, ein neues, von Clausilien bewohntes Gebiet in der neotropischen Region. Es umfasst die Hochlandsgebiete zwischen den Ketten der Anden vom Titicaca-See durch Perú und Ecuador nach Neu-Granada, wo dasselbe in den mittlern Thalläufen des Magdalenenstromes und Rio Cauca abbricht, um neuerdings in den Gebirgen von Puerto Rico in einem völlig isolirten Posten und in einer einzigen Art (*Cl. [Nenia] tridens* Chemn.) aufzutreten, die eine unverkennbare Verwandtschaft zu einigen Formen der südamerikanischen Anden zeigt. Offenbar handelt es sich hier um eine gewaltsame Zerreissung des einst zusammenhängenden Areals der amerikanischen Clausilien durch den Einbruch des Caraibischen Meeres, das gegenwärtig, bis zu 4000 m tief, die Insel Puerto Rico vom venezolanischen Festlande trennt.

Versuchen wir die vorstehend geschilderten Eigenthümlichkeiten der geographischen Verbreitung der Clausilien ursächlich zu ergründen, so ergiebt sich zunächst, dass dieselben von den äussern geographischen Factoren der Jetztzeit nur wenig abhängig sind, abgesehen natürlich von den Beträgen, welche daraus für das Landmollusken-Leben überhaupt resultiren. Es ist kaum zweifelhaft, dass das tiefe Herabrücken der winterlichen Isothermen in niedere Breiten auf dem asiatischen Festland von Einfluss auf das Vorkommen unserer Thiere sein wird.

---
[1] *A. R. Wallace*, The Geographical Distribution of Animals I p. 209. 1876.

Es wird .auch. den Lebensgewohnheiten der Clausilien entsprechend, zugegeben werden müssen. dass die durch Mangel an Laubwald und moosiger Felslandschaft ausgezeichneten, niederschlagsarmen Steppengebiete Central- und Hochasiens ändernd auf den Verlauf der chorographischen Grenzen unserer Gattung einwirken werden. Aber dennoch giebt weder der Verlauf der Isothermen, noch die Karte der Niederschlagsmengen. noch endlich die Florenkarte uns genügenden Aufschluss darüber, weshalb in einem so grossen Theile der paläarktischen und in der ganzen nearktischen Region Clausilien gänzlich fehlen. weshalb sie auf dem vorderindischen Festlande nicht gefunden werden, während doch Hinterindien und Indonesien eine nicht unbeträchtliche Anzahl von grossen und characteristischen Formen aufweisen. Dass die Clausilien, dem allgemeinen Verhalten der Landmollusken entsprechend, sich auf den niederschlagsreichen Flanken der Gebirge zahlreicher vorfinden, als in den trockenern Flachlandgebieten und den im Windschatten liegenden Gebirgshängen, kann nicht auffallen, aber dies erklärt noch nicht den Mangel an Clausilien im ganzen nearktischen Amerika, auf den Gebirgen Central-Amerikas, auf Madagaskar und den Rändern der Tafelländer des äquatorialen Afrika. Gebiete der vorherrschenden Sommerregen sind in gleicher Weise reich an Clausilien oder arm an solchen, wie die Gegenden mit vorherrschenden Winterregen. Hinsichtlich der petrographischen Unterlage lässt sich insofern ein Einfluss constatiren, als in kalkreichen Gebieten, vor allem in den mesozoischen Formationen längs der adriatischen Ostküste eine Häufung der Arten, in den Gebieten archaischer Gesteine dagegen eine Verarmung eintritt. Doch ist dies eine auch die meisten übrigen Landschnecken-Gattungen beschlagende Erscheinung und überdies für die Clausilien nicht ohne Ausnahme.

Es muss daher der letzte Grund für die eigenthümliche Auflösung der chorographischen Areale der recenten Clausilien in mehrere verschieden grosse, durch weite clausilienlose Räume getrennte Bezirke anderswo gesucht werden.

Zunächst wird es sich fragen. sind alle die auf diesen weitgetrennten Gebieten lebenden clausilien-ähnlichen Thiere wirklich Clausilien, das heisst, sind sie als Descendenten einer und derselben Mollusken-Gruppe aufzufassen, die von einem Centrum aus sich zerstreuten und zu den verschiedenen Untergruppen sich differenzirten. Oder wäre es möglich, das von verschiedenen Seiten her durch allmäliges Herausbilden eines und desselben mechanischen Schliessapparates infolge der Correlation der äussern Form mit der mechanischen Leistung Formen der Schale entstanden sind, die wir heute für stammverwandt halten? Den endgültigen Entscheid dieser und anderer Fragen zu liefern, ist die vergleichende Anatomie berufen. Sie wird uns auch über die Dignität der Untergruppen als Genera und Subgenera und über die endgültige

Zutheilung der einen und andern, hinsichtlich ihrer systematischen Stellung noch zweifelhaften Art zu dieser oder jener Untergattung zu belehren haben. Leider liegen bis jetzt nur über eine beschränkte Anzahl von Clausilien anatomische Untersuchungen vor, so dass wir für den weitaus überwiegenden Rest lediglich auf das testaceologische Material angewiesen sind. Nur soviel kann gesagt werden, dass bis jetzt nichts vorliegt, was uns veranlassen würde, die recenten Clausilien nicht als Descendenten gemeinsamer Vorfahren anzusehen.

Die zahlreichen Arten der Gattung Clausilia lassen sich, im einen Falle leicht, im andern schwieriger, in Untergattungen einreihen, um deren genauere Definition und Abgrenzung sich namentlich v. Vest, Böttger und v. Möllendorff grosse Verdienste erworben haben. Hauptsächlich sind Böttgers Untersuchungen des lebenden und fossilen Materials für das fernere Studium dieser schwierigen Gattung grundlegend geworden. Abgesehen vom systematischen, haben diese Untergattungen auch einen chorographischen Werth, da jede derselben ein sichtlich zusammengehöriges, in der Regel continuirliches Areal einnimmt.

Stellen wir sie nach ungefährer Artenzahl, geologischem Alter und geographischer Verbreitung, so weit möglich, tabellarisch zusammen, indem wir auch die von Böttger[1]) und neuerdings von Oppenheim[2]) beschriebenen fossilen Formen hinzufügen, so ergiebt sich die folgende Uebersicht:

Uebersicht der Subgenera von Clausilia.

Subgenus	Artenzahl[3])	Geologisches Alter	Geographische Verbreitung
Alopia H. et A. Ad.	20	recent	Attica (1 Art); Siebenbürgen.
Eualopia Böttg.	4	miocän	Mainzer Becken, Württemberg.
Triloba v. Vest	2	recent	Montenegro, Macedonien.
Clausiliastra v. Möll. (= Marpessa Böttg.)	18	pleistocän bis recent	West-Europa, von den Pyrenäen durch Frankreich und England nach Skandinavien; Mittel-Europa von Sardinien, Ober-Italien, Süd-Oesterreich und Dalmatien über die Schweiz, Deutschland und Oesterreich nach Siebenbürgen und Livland.

[1]) *O. Böttger*, Clausilienstudien 1877.
[2]) *P. Oppenheim*, Die Land- und Süsswasserschnecken der Vicentiner Eocänbildungen, in: Denkschr. Kais. Akad. d. Wiss. Wien 1890.
[3]) Bei der in zahlreichen Fällen vorhandenen Unmöglichkeit, Species, Subspecies und Localformen der Clausilien nach den Schalenmerkmalen scharf gegen einander abzugrenzen und bei der stark subjectiven Fassung mancher „Arten" und „Subspecies" seitens der Autoren können die vorstehend gegebenen Zahlen bloss als angenäherte gelten. Sie beruhen theils auf meinem Sammlungsmaterial, theils auf den Arbeiten von Böttger und Westerlund.

Subgenus	Artenzahl	Geologisches Alter	Geographische Verbreitung
Acrotoma Böttg.	fossil: 1 lebend: 2	eocän, recent	fossil: Ober-Italien. lebend: Transkaukasien.
Herilla Böttg.	8	recent	Norden der Balkanhalbinsel: Türkei, Serbien, Dalmatien.
Siciliaria v. Vest	8	recent	Sicilien.
Delima Böttg.	115	recent	Oestliche Küstenländer u. Inseln des Adriatischen Meeres, Griechenland Bosnien, Kroatien, Krain, Kärnten, Tirol, Italien bis Apulien, Calabrien und Sicilien, Tunis, Ost-Algerien, Süd-Frankreich u. Nordspanien.
Medora v. Vest	28	recent	Dalmatien, Kroatien, Krain, Istrien, Umbrien und Calabrien.
Agathylla v. Vest	13	recent	Dalmatien und seine Küsteninseln, 1 Art (A. prägracilis Böttg.) am Carmel in Galiläa.
Constricta Böttg.	8	miocän	Nordböhmen, Württemberg.
Euclausta Opp.	1	eocän	Ober-Italien.
Cristataria v. Vest	20	recent	Syrien, Palästina.
Albinaria v. Vest	110	recent	Von der syrischen Küste über Cypern und die kleinasiatischen Küstenländer, die Sporaden u. Cycladen nach Griechenland u. der Balkanhalbinsel bis Epirus u. Dalmatien.
Carinigera v. Möll.	1	recent	Ost-Serbien.
Papillifera Böttg.	80	recent	Euboea, das griechische Festland und die Balkanhalbinsel von Constantinopel bis Dalmatien, Italien, Sardinien, Sicilien, Malta, Gosso, Küsten von Tunis, Süd-Frankreich und Ligurien.
Dilataria v. Möll.	16	miocän? (1. Art), recent	fossil: Nordböhmen. lebend: Dalmatien, Kroatien, Krain, Kärnten, Banat, Süd-Tirol, Piemont, Hautes Alpes.
Phaedusa H. et A. Ad.	fossil: 5 lebend: 100	eocän, oligocän recent	fossil: Frankreich, Ober-Italien. lebend: Ost-Kaukasus, Himalaya, Ceylon, Hinter-Indien, Sunda-Inseln, Nicobaren, Philippinen, Molukken, China, Lu-Tschu-Inseln, Korea, Japan.
Serrulina Mouss[1])	fossil: 5 lebend: 5	miocän. recent	fossil: Nordböhmen, Württemberg, Oesterreich.

[1]) Serrulina ist, wie mir Prof. Böttger brieflich mittheilt, kürzlich von ihm zu einer besondern Gattung erhoben worden, ein Schicksal, das voraussichtlich auch noch anderen der heutigen Subgenera der Gattung Clausilia bevorsteht.

Subgenus	Artenzahl	Geologisches Alter	Geographische Verbreitung
Fusulus v. Vest	2	recent	lebend: Trans-Kaukasien, Armenien. Oestliches Deutschland bis Sachsen und Schlesien, Galizien, Oesterreich, Steiermark, Kärnten, Krain, Illyrien.
Pseudalinda Böttg.	7	recent	Galizien, Siebenbürgen, Banat, Bukowina, Rumelien, Küsten des Bosporus, Cycladen, Klein-Asien.
Uncinaria v. Vest	4	recent	Mähren, Galizien, Siebenbürgen.
Mentissa Böttg.	3	recent	Krim.
Emarginaria Böttg.	2	eocän, miocän	Baiern, Ober-Italien.
Canalicia Böttg.	5	miocän	Nordböhmen, Hochheim, Württemberg, Oesterreich (Wien).
Euxina Böttg.	28	recent	Anatolien, Krim, Cis- und Trans-Kaukasien, Armenien, Syrien, Palästina, Persien.
Alinda Böttg.	fossil: 2¹) lebend: 5	pleistocän bis recent	Mittel- und Nord-Europa, vom Atlantischen bis zum SchwarzenMeer.
Strigillaria v. Vest	6	recent	Ost- und Südost-Deutschland bis zum Schaffhauser Rhein, Baiern, Sachsen, Siebenbürgen, Banat, Kärnten, Bosnien, Kroatien, Ukraine.
Pseudidyla Böttg.	2	miocän	Württemberg, Baiern, Wiener Becken.
Idyla v. Vest	6	recent	Nordöstliche Balkanhalbinsel, Serbien, Banat, Siebenbürgen.
Bitorquata Böttg.	3	recent	Syrien, Insel Standia bei Creta.
Oligoptychia Böttg.	19	recent	Rumelien, Macedonien, Ost-Griechenland, Euboea, Cykladen, Klein-Asien, Armenien, Trans-Kaukasien, Syrien.
Erjavecia Brus.	1	recent	Baiern, Salzburg, Kärnten, Krain.
Kuzmicia Brus.	fossil: 5¹) lebend: 19	pleistocän bis recent	fossil: Deutschland, Oesterreich. lebend: Mittel- und Nord-Europa von Nord-Spanien bis Skandinavien, Ober- und Mittel-Italien, Kärnten, Krain.
Pirostoma v. Vest	fossil: 3¹) lebend: 10	pleistocän bis recent	fossil: England, Deutschland, Oesterreich. lebend: West- und Mittel-Europa, von den Pyrenäen und Alpen bis Skandinavien, Ober-Italien, Süd-Tirol, Kärnten, Kroatien, Krain, Banat, Siebenbürgen, Galizien.

¹) Sämmtlich noch recent vorhanden.

Subgenus	Artenzahl	Geologisches Alter	Geographische Verbreitung
Graciliaria Bielz	fossil: 2	pleistocän bis recent	fossil: Deutschland und Oesterreich.
	lebend: 7		lebend: West-Frankreich, Mittel-Europa, von Ober-Italien bis Nord-Deutschland, Oesterreich, Steiermark, Trentino, Siebenbürgen, Walachei, Kaukasus.
Laminifera Böttg.	fossil: 7	oligocän bis miocän, recent	fossil: Hochheim, Nord-Böhmen, Rheinhessen, Württemberg.
	lebend: 1		lebend: Gipfel von La Rhune bei St. Jean de Luz.
Nenia H. et A. Ad.	20	recent	Peru, Ecuador, Columbien, Venezuela, Puerto Rico.
Garnieria Bgt.	5	recent	Hinter-Indien, China.
Disjunctaria Böttg.	3	eocän	Ober-Italien.
Macroptychia Böttg.	2	recent	Ost-Afrika: Sennâr, Halah.
Boettgeria Heynem.	6	recent	Madeira, Portosanto.
Olympia v. Vest	1	recent	Olymp.
Micropontica Böttg.	3	recent	Trans-Kaukasien.

Wir dürfen also, dem jährlichen Zuwachs an neuen Arten einigermassen Rechnung tragend, die Artenzahl der Gattung Clausilia auf mindestens 700 veranschlagen.

Trägt man, wie ich dies zu meinem Privatgebrauch gethan habe, die einzelnen Sectionen auf Karten ein, so fallen eine Reihe von Thatsachen sofort auf, nämlich:

1. In den wenigsten Fällen lagern die Gruppen mit ihren Grenzen sich nebeneinander, diese laufen vielmehr meist bunt durcheinander, so dass ein und dasselbe geographische Areal von Vertretern verschiedener Subgenera bewohnt ist. Es lassen sich daher auch nur wenige Gruppen auf einem Kartenblatt übersichtlich darstellen.

2. Die Areale der einzelnen Untergattungen verhalten sich hinsichtlich ihrer Grösse ausserordentlich ungleich. Während einige, wie *Clausiliastra* und *Pirostoma* den grössten Theil von Europa einnehmen, sind andere, wie *Laminifera*, *Olympia*, *Mentissa*, *Agathylla*, *Carinigera* auf ein einziges Gebirge beschränkt.

3. Wir constatiren überall, in Europa sowohl als in Asien, Amerika und Afrika, eine Häufung der Gruppen und ihrer Arten, eine Concentration derselben auf die gebirgigen Gegenden und eine Verarmung der Flachlandgebiete. Als besonders reich an Arten verschiedener Untergattungen finden wir die östlichen Alpen, die dalmatinischen und griechischen

Gebirge, die Karpathen, die Küstengebirge von Kleinasien und Syrien und den Kaukasus.

4. Ganz auffallend ist der Reichthum der mediterranen Subregion an Clausilien-Gruppen, insbesondere von Italien, Dalmatien, Griechenland, der Balkanhalbinsel und der kleinasiatischen Küsten bis zum Kaukasus.

Von diesem Centrum aus verarmt die Clausilienfauna rasch nach Westen und Norden hin. Das centrale und südliche Spanien entbehrt der Clausilien ganz und die baskischen, asturischen und galizischen Berglandschaften werden, soviel bis jetzt bekannt, nur noch von wenigen Formen einer einzigen Art (*Cl. bidentata* Ström.) bewohnt, die ich bei San Sebastian und Bilbao zahlreich gesammelt habe und die in Portugal bis Oporto hinab gefunden wird. Wenige Arten leben in England, Irland und Schweden.

Immerhin weist jedoch der europäische Westen eine zoogeographisch merkwürdige Thatsache auf, indem auf einem der westlichen Ausläufer der Pyrenäen, dem Berge „La Rhune" bei St. Jean de Luz, eine Clausilie vorkommt, die als einzige jetztlebende Art eine besondere Untergattung bildet (*Laminifera* Böttg.) Sie steht unter den übrigen Gruppen recenter Clausilien Europas allein, zeigt aber im Schalenbau Aehnlichkeit mit den Nenien Südamerikas, weshalb sie auch von ihrem ersten Beschreiber, Bourguignat,[1]) als *Neniatlanta* bezeichnet wurde.

Es ist ferner hervorzuheben, dass auch die indischen, ostasiatischen und indonesischen Clausilien durchaus nicht denjenigen Grad von Homogenität zeigen, den man ihnen früher, als nur wenige Arten bekannt waren, zuschrieb. Ganz abgesehen davon, dass durch Böttger die alte Gruppe Phaedusa in eine Reihe von Sectionen zerfällt wurde, finden sich mitten im Gebiete der asiatischen Clausilien, in Hinterindien und in China, eine Anzahl grosser und schöner Formen, die mit den übrigen Arten jener Gegenden keine engere Verwandtschaft zeigen, sondern sich näher an die Nenien der neotropischen Region anschliessen. Es sind dies die in den europäischen Sammlungen noch seltenen Arten der Gruppe *Garnieria*, von der die chinesische *G. Fuchsi* Gredl. und die hinterindische *G. Mouhoti* P. als besonders hervorragende Typen genannt seien. Es zeigt sich demnach auch hier, dass die Clausilien-Fauna einer Gegend sich nicht lediglich aus Vertretern einer einzigen, oder einiger weniger nahe verwandter Gruppen zusammensetzt, sondern dass verschiedene Formenkreise sich im Laufe der Zeit räumlich durchdrungen haben.

5. Von den Formenkreisen der Clausilien, die, hauptsächlich durch die Bemühungen Böttgers, aus dem Tertiär genauer be-

---

[1]) *J. R. Bourguignat*, Hist. des Clausilies de France vivantes et fossiles. Ann. Sci. Nat. 1876 (Zool.) Art. No. 10 p. 20.

kannt geworden sind, haben sich nur wenige, wie *Acrotoma, Phaedusa, Serrulina* und *Laminifera* in der Jetztzeit erhalten. Die überwiegende Mehrzahl der tertiären subgenerischen Typen sind entweder ausgestorben oder haben sich so stark verschoben, dass sie in den subgenerischen Typen der Jetztzeit nicht mehr zu erkennen sind. Diese erscheinen daher als Neubildungen relativ jungen d. h. posttertiären Ursprungs. Dies kann kaum auffallen, wenn wir uns erinnern, wie langsam einerseits die active Wanderung der Clausilien vor sich geht, wie wenig sie daher im Stande sind, sich einer Aenderung der geographischen Factoren durch Migration zu entziehen, und wie rasch andererseits ihre Gehäuseform auf anscheinend geringfügige Aenderungen jener Factoren antwortet.

Das Bestehenbleiben gewisser tertiärer Typen bis in die Jetztzeit ist daher viel auffälliger, als das Fehlen anderer subgenerischer Typen aus der Tertiärzeit.

6. Vergleichen wir bei diesen persistenten Typen die Fundorte der fossilen Formen, mit denen der jetztlebenden, so constatiren wir eine beträchtliche Verschiebung der Areale. *Laminifera*, im Tertiär in Mitteleuropa heimisch, findet sich lebend nur noch auf einem Berggipfel im Winkel des Golfs von Bizcaya. *Phaedusa* hat sich nach Asien zurückgezogen, ihre Section *Oospira* (Blanf.), früher bei Vicenza lebend, ist heute nur noch in Burma zu finden. *Acrotoma* und *Serrulina* sind heute auf die Kaukasus-Länder beschränkt.

Es wiederholt sich hier in kleinerem und grösserem Maassstab das Verhalten, das wir früher für eine Ameisengattung (*Gesomyrmex*) aus dem baltischen und sicilischen Bernstein erwähnten, die heute anscheinend nur noch in Borneo lebt.

Einzig die Dilatarien haben sich noch in nicht zu grosser Entfernung von ihren tertiären Wohngebieten erhalten und bewohnen heute noch die Alpenthäler von Piemont und die den Ostalpen südlich vorgelagerten Landschaften bis ins Banat und nach Dalmatien hinab.

Wenn wir demnach die Thatsachen der geographischen Verbreitung für die Clausilien kurz zusammenfassen, so müssen wir auch die Gattung *Clausilia* den persistenten Typen zuzählen, welche aus grauer Vorzeit herüber auf uns gekommen sind und allen Wechsel der Zeit und der Oertlichkeit überdauert haben, ohne in ihren grundlegenden Gattungsmerkmalen allzu eingreifende Verschiebungen zu erfahren. Die Persistenz ist in diesem Falle um so merkwürdiger, als das Areal der Gattung heute in mehrere weit von einander getrennte Inseln zerlegt ist, wo ihnen durch lange geologische Zeiträume jede Möglichkeit zu fernerer Mischung mit ihren Gattungsgenossen gänzlich benommen war. Die lange räumliche Trennung der verschiedenen Glieder des Clausilientypus hat also nicht vermocht, sie in einem Maasse divergent zu entwickeln, dass die grundlegenden Merkmale der Gattung verwischt worden wären. Es ist nicht ohne Interesse, die Wahrnehmungen bei den Clausilien mit denen zu vergleichen, die aus der Betrachtung der Milbengattung *Megisthanus* resultirten: dort eine artenarme Gattung kleiner, gebrechlicher und hinfälliger Thiere, deren Arten trotzdem an diametral voneinander entfernten Punkten der tropischen Erde nicht nur den Gattungscharacter treu bewahrt haben, sondern die sogar in ihren Arten sich noch nahe geblieben sind; hier eine grosse und artenreiche Gattung, jetzt in discrete Inseln aufgelöst und in eine Artenschaar von über 1000 Formen mit meist enger Localisation gespalten, die in ihrer Mannigfaltigkeit trotz der Persistenz des Gesammttypus den umgestaltenden Einfluss äusserer Aenderungen deutlich verrathen.

III. Schlussbetrachtungen.

Versuchen wir schliesslich, das vorstehend gegebene Material an zoogeographischen Thatsachen genauer zu würdigen, so lassen sich daraus trotz seiner unzweifelhaften Lückenhaftigkeit eine Reihe von Thatsachen deutlich erkennen, welche für die Biologie und die Erdgeschichte von Bedeutung sind.

Zunächst ist hervorzuheben, dass die einzelnen der vorstehend gegebenen Beispiele grosser oder disjungirter Areale ungleichwerthig sind, und dass demnach auch die Folgerungen, welche sich an die Einzelfälle knüpfen, in verschiedener Richtung liegen werden.

Die Verbreitung von Formen, welche, obwohl fossil nicht bekannt, den Stempel hohen Alters unverkennbar an sich tragen, wie *Peripatus*, *Siphonophora* u. a. verlangt eine ganz andere Deutung, als diejenige sichtlich modernerer Formen, wie *Carabus*, *Colias* u. a.

Es ist klar, dass die geographische Verbreitung irgend eines freilebenden wirbellosen Landthieres eine Function sehr verschiedenartiger Factoren bildet, deren Einzelwirkung im concreten Falle allerdings sehr schwer abzuschätzen ist. Ein hohes geologisches Alter des Typus, starke active oder passive Migrationsfähigkeit seiner Arten, Indifferenz oder ausreichender Schutz gegen die Extreme der Temperatur und der Feuchtigkeit, Unabhängigkeit von der petrographischen Unterlage und Freiheit in der Wahl der Nahrung werden im Stande sein, die Verbreitungsareale zu erweitern oder ihren einmal erlangten Umfang lange Zeit unverändert zu erhalten. Geologische Jugend dagegen, beschränkte Migrationsfähigkeit in Folge biologischer oder morphologischer Umstände, starke Empfindlichkeit gegen die klimatischen Agentien, strenge Abhängigkeit von bestimmten petrographischen Unterlagen und bestimmten Nahrungsquellen werden den Arealen nur einen beschränkten Umfang gestatten, beziehungsweise bei eintretender Aenderung des Milieu die morphologische Umprägung des Typus einleiten.

Wie rasch diese Umprägung selbst durch einen einzelnen der genannten Factoren bei noch plastisch gebliebenen Thierformen bewirkt werden kann, beweisen auf's Deutlichste die hochwichtigen Resultate, welche Dr. M. Standfuss bei seinen Experimenten über den Einfluss verschiedener Temperaturen auf einzelne Vanessa-Arten erlangt hat.[1]) Dr. Standfuss macht auch auf die Veränderung aufmerksam, welche ein einziges Jahr. z. B. das ausnahmsweise warme Jahr 1893 in den Verbreitungsarealen einzelner Arten hervorzubringen vermag. Damals traten eine Reihe ausgesprochen südlicher Schmetterlingsarten in nördlichern, ihnen für gewöhnlich entzogenen Arealen auf. „Namentlich in England wurden in diesem Jahre eine ganze Anzahl von Species häufig gemeldet, die dort sonst zu den Seltenheiten gehören. Im mittlern Europa beobachtete ich selbst Deil. nerii L. vielfach bei Breslau. Arg. pandora Schiff. wiederholt bei Müllheim (Baden) und Deiop. pulchella L. bei Zürich. Die letztere Art drang damals häufig sogar bis Norddeutschland vor, und Acher. atropos L. und Deil. nerii L. wurden 1893 ebenso an vielen Punkten, wo sie sonst kaum jemals gesehen wurden, in Menge gefunden."[2])

Während also eine ungewöhnliche Steigerung der Temperatur die Areale wanderfähiger Thierarten rasch, wenn nicht zu dauernder Erweiterung, so doch zu einer ausgiebigen Oscillation ihrer Grenzen zu bringen vermag, so wird umgekehrt eine unter ungünstigen Umständen erfolgende Herabsetzung der Temperatur im Stande sein, durch Vernichtung zahlreicher Individuen die Areale thermisch empfindlicher Arten wenigstens temporär einzuengen. Da aber die geographische Vertheilung der Winterkälte und der als Thierschutz ausserordentlich wichtigen Schneedecke von Jahr zu Jahr grossen Schwankungen unterliegt, so wird dieser Factor ebenfalls nur oscillatorische Aenderungen der Arealgrenzen bewirken.

Versuchen wir, für die einzelnen der in dieser Arbeit aufgeführten generischen Typen den Einfluss des geographischen Milieu der Gegenwart und der Vergangenheit auf die Form ihres heutigen Verbreitungsareales festzustellen, so stellen sich uns fast unübersteigliche Schwierigkeiten entgegen. Hauptsächlich betreffen diese die richtige Würdigung der Vergangenheit. Wir sind gewöhnt, das geologische Alter eines thierischen Typus nach seinem ersten Auftreten in der Reihe der Sedimente zu bestimmen, ein Maassstab, welchem der Natur der Sache nach nur eine sehr bedingte Richtigkeit zuerkannt werden kann. Denn erstlich liefert uns die tägliche Beobachtung genügenden Beweis dafür, wie ausserordentlich gering für sehr viele Landthiere, hauptsächlich für die guten Flieger, die Aussichten auf eine conservirende Einbettung sind. Von den vielen tausenden von Vogelleichen, welche jeder harte Winter in unsern Breiten liefert, verschwindet jede Spur, bevor es zur Bedeckung mit zur Petrification geeignetem Erdmaterial kommt. In den Tropen werden die auf die Erde fallenden Vogelleichen durch Fäulniss, Insectenfrass und die

---

[1]) Dr. M. Standfuss, Handbuch der paläarktischen Grossschmetterlinge 1896. p. 269 ff.

[2]) Standfuss, Handbuch p. 325.

Wirkung der Atmosphärilien so rasch zerstört, dass der Zusammenhang der Theile verloren geht und diese einzeln verschleppt, verweht und verwaschen werden. Von Schmetterlingen und andern geflügelten Insecten sieht man wohl dann und wann einzelne Flügel am Boden liegen oder im Winde treiben, und beim Durchsuchen der Moosdecke des Waldbodens findet man wohl Flügeldecken, Brustschilder und Beine von Käfern oder einzelne Segmente von Asseln und Iuliden, aber wie gering sind auch hier die Aussichten auf deren dauernde Erhaltung! Von den nach Tausenden zählenden Schwärmen geflügelter Insecten, welche alljährlich vom Wind auf den Wasserspiegel breiter Seen oder des Meeres hingeworfen werden, fällt wohl die überwiegende Zahl der Zersetzung und dem Frasse der Fische und anderer Wasserbewohner zum Opfer und wenige werden durch Einbettung in Schlamm der Zerstörung entzogen. Ohne die Umstände, welche die fossile Erhaltung der wirbellosen Landfauna zu einem seltenen und von besonders günstigen, localen Bedingungen abhängigen Ereigniss stempeln, müssten die Landfaunen ganzer Gesteinsschichten ein wesentlich verschiedenes Gepräge tragen. Nur ein Bruchtheil und nur bestimmte Formationen — das Wort im botanischen Sinne gebraucht — jeder Fauna blieben erhalten, denn sicherlich repräsentiren die Bernstein-Einschlüsse nicht die ganze Invertebraten-Fauna ihrer Zeit, die Insectenfauna von Oeningen ist kaum lückenlos, ebensowenig, als die Wirbelthiere und Schnecken des Löss die ganze zu ihren Lebzeiten vorhandene Fauna umfassen. Ein classisches Beispiel für das Fehlen eines strengen Parallelismus zwischen dem geologischen Alter eines zoologischen Typus und seinem paläontologischen Nachweis bildet der Mensch. Er ist bekanntlich mit Sicherheit fossil noch nicht einmal bis in's jüngere Tertiär nachgewiesen und doch sprechen alle Thatsachen seiner heutigen Verbreitung und seines zoologischen Habitus dafür, dass seine Abtrennung vom Reste der Anthropomorphen mindestens bis in's früheste Tertiär zurückreichen muss.

Es erlaubt also das Fehlen einer Thierform in der Paläontologie einer Erdperiode oder einer Erdgegend, welche die für diese Form nothwendigen Existenzbedingungen überhaupt besitzt, noch nicht ohne weiteres den Schluss, dass sie thatsächlich nicht vorhanden war. Wird schon hierdurch der stratigraphische Maassstab sehr relativ, so fällt noch ein anderer Umstand schwer in's Gewicht, dass nämlich die Zeit des ersten nachgewiesenen paläontologischen Auftretens noch keineswegs mit Sicherheit auch als die Zeit der Herausbildung eines thierischen Typus angesprochen werden kann. Wir sehen z. B. die Mollusken des mitteleuropäischen Löss im wesentlichen mit jetztlebenden Arten übereinstimmen. Weiter zurück in der Erdgeschichte Mitteleuropas fehlen diese Formen, trotzdem aber wird Niemand daraus den Schluss ziehen, dass sich diese Formen erst in der Glacialzeit und an den Stellen, wo sie jetzt in den interglacialen Ablagerungen gefunden werden, gebildet haben können, sondern wir werden eher geneigt sein, in ihnen Formen zu erblicken, welche unter dem Einflusse besonderer klimatischer Verhältnisse eingewandert und an die Stelle einer aussterbenden, verdrängten oder umgeprägten Tertiärfauna getreten sind, deren eigentliche Heimath und Entstehungszeit uns aber noch unbekannt ist.

Hier nun gehen die einzelnen in unserer Zusammenstellung aufgeführten Beispiele auseinander und erweisen sich als ungleichwerthig, indem sie sich hinsichtlich des geologischen Alters sowohl, als der Migrationsfähigkeit verschieden verhalten. Wenn wir z. B. in den oligocänen Bernstein - Einschlüssen zahlreiche Arthropoden - Typen finden, welche, wie *Polyxenus*, sich bis auf den heutigen Tag in nur specifisch veränderter Form erhalten haben, so werden wir geneigt sein, eine ähnliche Starrheit der Form auch für die voroligocänen Zeiten bei Polyxenus vorauszusetzen, und diesen Typus für sehr alt zu halten, auch wenn er einstweilen vortertiär nicht bekannt ist.

Umgekehrt werden wir bei denjenigen Typen, welche, wie die Heuschrecken und Tagfalter, zu Gruppen gehören, die in der Jetztwelt noch ausserordentlich plastisch geblieben sind, eine ähnliche Plasticität dieser Gruppen auch für die früheren erdgeschichtlichen Perioden voraussetzen und geneigt sein, die betreffenden Gattungen für relativ jüngere Bildungen anzusetzen, als z. B. *Polyxenus*, *Peripatus* und andere Formen, welche, auch ohne fossil bekannt zu sein, den Stempel hohen Alters an sich tragen.

Was die Verschiedenheit der Migrationsfähigkeit anbelangt, so ist zu betonen, dass wohl für alle, auch die schwerstbeweglichen Typen nicht festsitzender Wirbelloser die Zeit ihrer geologischen Existenz hinreichend gewesen wäre, um ihnen, selbst auf dem Wege der einfachen Fusswanderung, die Verbreitung über die ganze Erde zu gestatten. In der That ist denn auch diese Möglichkeit von einzelnen, an und für sich schlecht zu rascher Verbreitung qualificirten Arten benutzt worden. *Trombidium tinctorium* F., die durch das ganze tropische Afrika vom Senegal bis nach dem Somálilande und nach Deutsch-Südwest-Afrika hinab verbreitete grosse Sammetmilbe, tritt auch in Mexico wieder auf. *Holostaspis marginatus* Herm., eine unserer gemeinsten Käfermilben, wurde von Berlese aus Brasilien, Paraguay und La Plata, von mir aus Guatemala und Nicaragua bekannt gemacht. Die durch die Tropen aller Continente gehende Verbreitung der Poneride *Odontomachus hamaetodes* L. wurde schon früher (S. 54) berührt. Nicht darin also, dass es einzelnen, selbst langsam wandernden Thierarten gelungen ist, im Laufe der geologischen Zeiten eine so ausgedehnte Verbreitung zu erlangen, liegt das Auffällige dieser Thatsachen, sondern vielmehr darin, dass solche Arten nicht zahlreicher sind. Wenn nun auch voraussichtlich die Forschungen der nächsten Zukunft noch eine Reihe derartiger Vorkommnisse zu Tage fördern werden, so bilden sie alle gegenüber den Fällen localisirter Areale eine verschwindende Minderheit. Und auch die Fälle von weiter Verbreitung der Gattungen, wie sie uns z. B. bei *Peripatus, Nephila, Gasteracantha, Gasteruption, Atractocerus* und andern entgegentreten, stehen so wenig im Vordergrund, dass manche der heutigen Faunenbezirke, wie z. B. Südamerika und Afrika den Eindruck gänzlicher Verschiedenheit machen, trotzdem sie in verschiedenen Thiergruppen eine Anzahl gemeinsamer Gattungstypen besitzen.

Wenn nun auch, wie bemerkt, hinsichtlich der Migrationsfähigkeit zweifellos erhebliche Unterschiede zwischen den einzelnen in dieser Arbeit aufgeführten Thierformen bestehen, so dass die einen sich weit rascher verbreitet haben können, als andere, so bleiben selbst nach Ausscheidung der allenfalls zu rascher Wanderung befähigten Formen noch Gattungen genug übrig, deren heutige Verbreitung sich nicht auf recente Wanderung zurückführen lässt. Wäre die active und passive Wanderung so allgemein, so unausgesetzt und so intensiv an der Ausstreuung der Arten thätig, so müssten die Faunen der verschiedenen Erdgegenden ein viel gleichartigeres Gepräge aufweisen, die Fälle von grossen oder stark disjungirten Arten würden dann nicht eine verschwindende Minderheit, sondern ein stark und deutlich hervortretendes Element in der Zoogeographie der heutigen Erde bilden müssen. Es müsste ferner die durch recente Wanderung bewirkte Durchdringung der heutigen Faunen mit weit verbreiteten oder disjungirten Typen eine wesentlich andere Gruppirung zusammengehöriger Gebiete zur Folge haben, als es wirklich der Fall ist, wo so auffällige Verwandtschaften, wie zwischen Madagaskar und Süd-Amerika, zwischen Süd-Chile und Australien deutlich genug hervortreten.

Da nun die Annahme einer recenten, d. h. seit dem Bestehen der heutigen Vertheilung von Land und Wasser erfolgten Wanderung sichtlich nicht genügt, um die Gestalt der Verbreitungsareale von *Peripatus, Siphonophora, Megisthanus, Cryptostemma, Thelyphonus, Arcys, Accola, Cryptothele, Atractocerus, Tanyderus* und vielen andern Gattungen zu erklären, so bleibt keine andere Möglichkeit der Erklärung für diese Areale, als die Voraussetzung alter, heute durch umfangreiche Einbrüche der Festländer zerrissener Landverbindungen.

Diese Annahme ist nicht neu, sie ist im geschichtlichen Verlauf unserer thiergeographischen Anschauungen wiederholt aufgetaucht, sie wurde in älterer Zeit z. B. von Andrew Murray verfochten, trat dann aber allmälig unter dem Einflusse der Autorität von Wallace und der modernen geologischen und geographischen Anschauungen über das hohe Alter der continentalen Sockel und der Deutung der Oscillationen der Land- und Wassergrenzen als blosser randlicher Ueberflutungen, beziehungsweise Trockenlegungen wieder in den Hintergrund, um dann in neuerer Zeit durch v. Ihering, Hutton und Andere wieder energisch verfochten zu werden.

Versuchen wir, das in dieser Arbeit beigebrachte Material auf diesen Punkt zu prüfen, so tritt uns mit unwiderlegbarer Deutlichkeit das Resultat entgegen, dass die Areale der weitverbreiteten und starkdisjungirten Gattungen nicht regellos durcheinanderlaufen, wie es der Fall sein müsste, wenn diese auffälligen Vorkommnisse auf zufälliger recenter Verbreitung beruhen würden, sondern es lassen sich einzelne, heute durch breite und tiefe Meere getrennte Strecken trockenen Landes als in besonders nahem Verhältniss faunistischer Verwandtschaft stehend erkennen.

Es erscheint unnöthig, die oft und von verschiedenen Schriftstellern auf zoologischem sowohl, als botanischem Gebiete nachgewiesene Verwandtschaft deutlich zusammengehöriger Erdstriche, wie Nordamerika und Nordasien zu erörtern, obwohl auch hier das thatsächliche faunistische Prioritäts-Verhältniss noch keineswegs bis in alles Detail klargelegt ist. Ebenso scheint es überflüssig, die deutliche Zusammengehörigkeit der den Indischen Ocean umrahmenden Landstriche, Afrika, Madagaskar, Vorderindien und Australien noch besonders zu betonen, da hierfür die geologischen und thiergeographischen Belege in grosser Zahl vorhanden sind. Wohl kein Naturforscher, der zum ersten Male in einer gutausgerüsteten palaeontologischen Sammlung die fossilen Reste der alten Glossopteris-Flora in denselben Formen in den Sedimenten von Südafrika, Vorderindien und Australien wiederkehren sieht, kann sich dem mächtigen Eindruck entziehen, den dieser unumstössliche Beweis einer in grauer Vorzeit vorhandenen, heute in einem breiten Meeresbecken versunkenen Landverbindung, auf ihn macht. Was eine so ungeheure Verbreitung und ihre nachmalige Zerreissung aber heissen will, wird allerdings nur derjenige im vollen Umfange ermessen können, der seine Begriffe über die wahren Dimensionen der Erdräume nicht bloss aus der Landkarte und den Tabellen der Flächenräume, sondern aus der unmittelbaren Anschauung zu bilden in der Lage war.

Nicht geringer aber müsste der Eindruck sein, welchen eine nach thiergeographischen Gesichtspunkten geordnete Sammlung auf den Beschauer hervorbrächte, in der er alle die Formen niederer Landthiere beisammen fände, welche in gemeinsamen Gattungen und nahe verwandten Arten heute noch die stehengebliebenen Horste des alten carbonischen Festlandes bewohnen. Es müsste sich ihm alsdann die unabweisbare Ueberzeugung aufdrängen, dass diese Gattungen und Arten nicht auf gebrechlichem Fahrzeug über weite Meere oder auf beschwerlichem Landweg erst nach der Herausbildung der heutigen Configuration der Erdoberfläche in ihre heutigen Wohnsitze gelangt sein können, sondern dass sie als ehrwürdige Relicte längstvergangener Zeiten uns in ihrer heutigen Verbreitung noch die einstige Vertheilung von Land und Wasser wiederspiegeln. *Oecophylla*, *Plagiolepis*, *Technomyrmex*, *Lobopelta* unter den Ameisen, *Abisara* unter den Schmetterlingen, *Eustreptaxis* unter den Landmollusken sind solche, speciell für die Umrahmung des indischen Oceans characteristische Relicte, während die Gattungen, deren Areale noch weit über diese Erdstriche hinausgreifen, noch viel zahlreicher sind.

Während wir bei dem erwähnten Gebiete, der Umgebung des indischen Oceans, im Stande sind, die auffällige, thiergeographische Verwandtschaft Afrikas, Vorderindiens und zum Theil sogar Australiens durch die geologische Geschichte dieser Region befriedigend zu erklären, gelangen wir mit der Untersuchung der nahen thiergeographischen Beziehungen einiger anderer Bezirke bereits auf ein Gebiet, wo das palaeontologische und geologische Material uns zwar im Stiche lässt, wo aber die herrschenden geologischen und geographischen Ansichten über die Constanz der Continente und der grossen Meeresbecken sich mit den Thatsachen der Thiergeographie nicht vereinigen lassen.

Man pflegt von Seite der Geologie den Stillen Ocean für ein altes Meeresbecken zu halten: „Uralt und bleibend in aller Veränderung der übrigen Verhältnisse ist das grosse Becken des Stillen Oceans, das nach Süden mit dem Eismeere in offener Verbindung steht."[1]) äussert sich der um die Reconstruction der Land- und Wassergrenzen früherer Zeiten so hoch verdiente Neumayr. Nun finden wir aber eine ganze Reihe von thiergeographischen Thatsachen, sowohl unter den Vertebraten als den Wirbellosen, welche mit dieser Ansicht im vollsten Widerspruch stehen und deren Erklärung nur in der Annahme einer die ganze Breite **des südlichen Pacific durchsetzenden directen Landverbindung zwischen Südamerika und Australien liegen kann.** Weder die verwegensten Voraussetzungen über eine recente Einwanderung quer über das trennende Meer, noch aber auch die Annahme eines Vordringens von den nordwärts vom Aequator gelegenen compactern heutigen Landmassen her vermöchte es zu erklären, weshalb die Arten der zu den Süsswassergarneelen gehörigen Gattung *Atya* Leach, sich auf das neotropische Amerika, die polynesischen Inselgruppen (Sandwich-Inseln, Tahiti, Neu-Caledonien, Neu-Seeland) und auf die Seychellen und Capverden vertheilen, weshalb die heutige Verbreitung der Süsswasserfische der Gattung *Galaxias* drei so weit auseinanderliegende Punkte, wie Neu-Südwales (3 Arten), Tasmanien (2 Arten) und die Südspitze Südamerikas (4 Arten) umfasst und weshalb eine so beträchtliche Anzahl von Gattungen terrestrischer Wirbelloser der australischen und neu-seeländischen Subregion einerseits, der chilenischen andererseits gemeinsam sind oder wenigstens vicarirende Vertreter in der andern Subregion besitzen. Ein Blick auf unsere Zusammenstellung genügt, um derartige Fälle in Mehrzahl zu finden, hier seien nur noch einmal die Gattungen *Peripatus, Arcys, Curis, Enneboeus, Stigmatomma, Acanthoponera*, die *Thynnus-Elaphroptera*-Gruppe als besonders bezeichnend hervorgehoben.

[1]) *Neumayr*, Erdgeschichte. II. p. 550 (1. Aufl.) 1887.

In einigen Fällen höherer und niederer Thiere erstreckt sich die faunistische Verwandtschaft der Landmassen des notialen Südens auch auf Süd-Afrika. Die Verbreitung der lebenden und fossilen straussartigen Vögel über Afrika, Madagaskar, Australien mit Neu-Guinea und Südamerika ist ja ein längst bekanntes Beispiel, dem sich unter den Wirbellosen *Peripatus, Epilissus* und andere anschliessen.

Legen schon diese Fälle den Gedanken nahe, dass die Beziehungen der directen, heute im Meere versunkenen Landbrücke zwischen der Südspitze Amerikas und Australien zu dem ebenfalls grossentheils verschwundenen Gondwâna-Lande zwischen Australien und Afrika zeitweise recht enge gewesen sein müssen, so tritt uns in den dem Aequator näher liegenden Gebieten eine neue Serie recht auffälliger zoogeographischer Thatsachen entgegen.

Diese beschlagen die faunistischen Beziehungen der tropischen Theile der beiden grossen Festlandmassen zu einander. Die Zahl der Gattungen landbewohnender Wirbelloser, welche ringförmig durch alle tropischen Gebiete vertreten sind, ist, wie frühere Kapitel unserer Arbeit zeigen, in der That nicht gering. Es mögen davon nur *Megisthanus* für die Milben, *Gasteracantha* und *Nephila* für die Spinnen, *Phrynus* für die Pedipalpen, *Siphonophora* für die Myriopoden, *Subria, Podoscirtus, Cyrtoziphus* für die Orthopteren, *Tencholabis, Eriocera* für die Dipteren, *Leptogenys, Cardiocondyla* für die Hymenopteren, *Acraea, Tachyris* für die Lepidopteren, *Trachelizus, Arrhenodes* und *Atractocerus* für die Coleopteren, *Veronicella* für die Landmollusken erwähnt werden. Diesen Fällen reihen sich auf's engste diejenigen an, wo auffällige, systematisch isolirte Typen sich in zwei gegenwärtig weit getrennten tropischen Gebieten erhalten haben, wie *Cryptostemma* in Westafrika und Südamerika, *Urania* in Madagaskar, Südamerika und Westindien, *Thelyphonus* in Centralamerika und den Sunda-Inseln.

Man hat sich, unter dem lebhaften Eindrucke des heutigen Kartenbildes der Erdoberfläche mit dem so ausgesprochenen Ueberwiegen des festen Landes und infolge des theilweise davon abhängigen, einseitigen Praedominierens paläontologischer Funde auf der Nordhemisphäre daran gewöhnt, den Entwicklungsherd der terrestrischen Organismen ausschliesslich im Norden zu suchen und sie, Thiere sowohl als Pflanzen, vom hohen Norden aus allmälig, den klimatischen Schwankungen und der wechselnden Vertheilung von Land und Wasser folgend, gegen Süden vordringen zu lassen. Wir hätten nach dieser Auffassung in den generischen Typen, welche wir gegenwärtig gleichzeitig in mehreren notialen Landgebieten auftreten sehen, alte Relicte vor uns, welche ursprünglich im Norden ins Leben getreten, in vergangenen Erdepochen weit beträchtlichere und zusammenhängende Areale auf der Nordhemisphäre innehatten, dort aber durch das Andringen jüngerer Formen zum Untergang gebracht worden waren. Und in der That bleibt für viele Formen, hauptsächlich unter den Säugethieren, unter Zuhülfenahme der paläontologischen Funde ebensowenig ein anderer Weg der Erklärung ihrer heutigen Verbreitung, als dies für viele Gattungen der Pflanzenwelt der Fall ist.

Anderseits aber mehren sich die Thatsachen, welche dafür sprechen, dass die Südhemisphäre hinsichtlich der Neubildung und der Verbreitung thierischer Organismen durchaus nicht die passive Rolle spielte, die ihr früher zugeschrieben wurde. Eine stattliche Reihe eigenartiger thierischer Typen erreicht auf der Südhemisphäre das Maximum ihrer Entwicklung und ihre Verbreitung lässt sich viel ungezwungener durch eine allmälige Ausdehnung ihrer Areale von Süden nach Norden hinauf, als umgekehrt erklären. Auch wenn wir von den vielleicht dahingehörigen Formen der Edentaten unter den Säugethieren, der Ratita unter den Vögeln absehen, so giebt es auch unter den Wirbellosen eine Reihe von Gruppen, bei denen wir, auch ohne paläontologische Nachweise, eine Entstehung auf den Landmassen der Südhemisphäre und eine Wanderung von hier aus nach Norden hin vermuthen dürfen.

Die ersten Spuren organischen thierischen Lebens begegnen uns in den grünen Schiefern des Cambriums. Ueberall, wo diese Schiefer nachgewiesen sind, in Europa, Nordamerika, Ostindien und Australien, weisen sie eine Fauna von überraschender Gleichartigkeit auf. Sie besteht aus marinen Crustaceen, Weichthieren und Strahlthieren, deren Differenzirung bereits so weit gediehen ist, dass wir zu der Annahme gezwungen sind, hier längst nicht mehr die ursprüngliche thierische Bevölkerung der Erde vor uns zu haben. Landthiere begegnen uns zum ersten Mal in den wenigen bekannten Arthropoden des Silur. Ihre Zerfällung in die Ordnungen der Arachnoiden, Myriopoden und Insecten beweist, dass ihre Bildung bereits in eine Epoche der Erdgeschichte fällt, über die uns jede Kunde mangelt. Seit jener fernen Zeit sind die wirbellosen Thiere des festen Landes beständig auf der Erdoberfläche hin- und hergeflutet, sie haben sich von den niederbrechenden Schollen der Erdrinde auf die stehen gebliebenen Horste zurückgezogen und haben die vom Meere allmälig entblössten Stücke der Lithosphäre in Besitz genommen, so dass wir heute eine reiche Fauna wirbelloser Landthiere da finden, wo noch vor kurzem weite Meere vorhanden waren. Alte und hohe Gebirge sind im Laufe der Zeit niedergewaschen worden und ihre Bewohner wurden gezwungen, neue Wohnstätten zu suchen, jung gehobene Gebirge sind heute hoch hinauf von Formen, wie die Clausilien, bewohnt, deren Entstehung weit älter ist, als diejenige ihrer heutigen Wohnplätze. Aber nicht bloss topographische, sondern auch klimatische Schwankungen trugen das Ihrige zu dem Hin- und Herwogen und zu der Durchdringung der Faunen mit Formen fremdartiger Provenienz bei. Die borealen und in beschränkterem Umfange auch die notialen Gebiete der Erde waren, aus noch unbekannter

Ursache, der Schauplatz einer derartigen klimatischen Schwankung, welche durch ein Absinken der Temperatur in Verbindung mit reichlichem Niederschlag am Schlusse der Tertiärzeit die Hochgebirgsregionen der Erde zu Centren mächtiger Vergletscherungen machte, die zu den Zeiten ihrer grössten Ausdehnung weit umher auch die benachbarten Flachlandgebiete unter Eis begruben. Diese Eisdecke, die hauptsächlich auf nordamerikanischem Boden zu gewaltigster Entwicklung gelangte, musste zu einer theilweisen Vernichtung, jedenfalls aber zu einer starken Verarmung der ursprünglich in diesen Regionen heimischen Invertebraten-Fauna führen, eine Verarmung, an der jene Gebiete auch heute noch leiden. Wir werden daher den heutigen Bestand der einst eisbedeckten Gegenden an terrestrischen Wirbellosen zum weitaus überwiegenden Theile als eine rückgewanderte Fauna aussprechen können und wir werden daher auch kaum fehlgehen, wenn wir den Process der Neubesiedelung noch nicht für abgeschlossen halten, d. h. wenn wir die relative faunistische Armuth dieser Gebiete nicht bloss auf Rechnung ihrer klimatischen Verhältnisse setzen, sondern vielleicht ebensowohl auf die Langsamkeit der Rückwanderung vieler wenig eurythermer Formen und auf die Kürze der Zeit, die seit der letzten Vereisung verflossen ist.

Alle diese Umstände wirken zusammen, um die geographische Verbreitung der wirbellosen Landthiere zu einer recht complicirten Erscheinung zu machen. Wenn wir sehen, dass selbst so langsam wandernde Thiere, wie die Angehörigen der Gattung Clausilia, deren systematische Sonderung fast mit Sicherheit in die mesozoische Zeit zurückzuverlegen ist, nicht nur hoch in die Gebirge jungtertiären Alters beider Festlandmassen hinaufgelangt sind, sondern dass sie diesen Weg sogar vielfach erst seit dem Rückzug der Gletscher zurückgelegt haben können, so werden wir eingestehen müssen, dass bei der Bildung von Schlüssen aus zoogeographischen Thatsachen die äusserste Behutsamkeit nothwendig ist. Anderseits aber sind manche der im Vorstehenden aufgezählten chorographischen Thatsachen so auffällig und merkwürdig, dass wir das Recht haben, darin ein wichtiges, wenn auch der Controlle bedürftiges Hülfsmittel zur Reconstruction der topographischen Verhältnisse der Vorzeit zu erblicken. Die Folgerungen, die aus dem in dieser Arbeit beigebrachten Materiale mit einiger Sicherheit zu ziehen sind, möchte ich kurz in folgender Weise formuliren:

1. In sämmtlichen Gruppen der landbewohnenden Wirbellosen finden sich eine Anzahl von Formen, deren Verbreitungsareale so ausgedehnt und eigenthümlich sind, dass ihnen sichtlich nicht die gegenwärtige Vertheilung von Land und Wasser zu Grunde liegt. Eine befriedigende Erklärung dieser Areale gelingt nicht ohne Zuhülfenahme von ausgedehnten, jetzt wieder zerstörten Landverbindungen, von denen ein wesentlicher Theil

auf der Südhemisphäre, zwischen Südamerika und Afrika und zwischen Chile und Australien gelegen sein musste.

Angesichts der gewaltigen Verschiebung in den Land- und Wassergrenzen und in den Höhenverhältnissen des Erdreliefs, welche durch das allmälige Niederbrechen dieser grossen südhemisphärischen Landmassen einerseits und durch die Zusammenschweissung ursprünglich heterogener Schollenstücke zu neuen Continenten gegeben ist, verliert die von Dana[1]) inaugurirte, von Wallace[2]) und den modernen Geographen[3]) weiter verfochtene Lehre von der Constanz der continentalen Sockel und der grossen Meeresbecken grossentheils ihre Berechtigung. Fällt doch die grösste, bis jetzt bekannte Meerestiefe, 9427 m, in das Bereich der hypothetischen Landverbindung zwischen Chile und Australien![4])

2. Für eine Reihe der hierhergehörigen Formen, wie *Siphonophora, Peripatus, Cryptostemma, Phrynus, Thelyphonus, Megisthanus, Argas, Nephila, Gasteracantha, Accola, Cryptothele, Cardiocondyla, Strumigenys, Leucospis, Erania, Stephanus, Stenophasmus, Atractocerus, Streptaxis, Clausilia, Veroniella, Limacella* u. a. lassen die heutigen Areale eine so auffällige Anlehnung an die geographischen Verhältnisse des Mesozoicums erkennen, dass wir in ihnen mit Wahrscheinlichkeit persistente Relictenformen aus vortertiärer Zeit erblicken dürfen.

Trotzdem viele dieser Formen, wie *Siphonophora, Phrynus, Thelyphonus, Megisthanus, Nephila, Atractocerus*, heute exquisite Tropenbewohner sind, so weisen doch manche derselben eine beträchtliche Eurythermie auf. *Siphonophora* hält Temperaturen unter 0° aus, *Phrynus, Megisthanus, Gasteracantha* leben noch in tropischen Hochlandgegenden, wo die Temperatur sich nächtelang dem Gefrierpunkt nähert, *Leucospis, Erania, Clausilia, Polyxenus* besitzen noch Arten in gemässigten Gegenden mit langen Wintern.

Wenn daher, wie wir Grund haben anzunehmen, ein grosser Theil dieser heute so stark disjungirten generischen Typen Relictenformen aus vortertiärer Zeit sind, also aus einer Periode, wo die horizontalen thermischen Zonen wahrscheinlich weit weniger scharf ausgeprägt waren, als heute, so muss seit jener Zeit für eine Reihe von Formen eine thermische Anpassung erfolgt sein. Bei der Beurtheilung derselben werden wir uns aber erinnern müssen, dass schon in vortertiärer Zeit hohe, jetzt niedergewaschene Gebirge vorhanden waren, welche wohl wie die heutigen Hochgebirge, eine verticale Folge thermischer Zonen aufwiesen und durch diese den wirbellosen Bewohnern der Gebirgsflanken in ähnlicher Weise

---

[1]) *J. D. Dana*, Manual of Geology. 2d ed. 1875. p. 160.
[2]) *A. R. Wallace*, Island Life 2d ed. 1892. p. 101 ff.
[3]) *A. Penck*, Morphologie der Erdoberfläche I, p. 174 ff. 1894.
[4]) Petermanns Mittheilungen. Bd. 42, III p. 69. 1896.

Gelegenheit zur Gewöhnung an niedrige Temperaturen boten, wie die Hochgebirge der Tropen es heute noch thun. Durch das Vorhandensein verticaler Wärmezonen in den Gebirgen der vortertiären Zeiten würde der Uebergang zu den horizontalen Wärmezonen der heutigen Erdoberfläche weniger schroff gestaltet, sie würden es begreiflicher machen, dass eine nicht unerhebliche Zahl von Gattungstypen terrestrischer Wirbelloser von sichtlich hohem geologischem Alter sich noch bis heute erhalten haben.

Da aber selbst langsam wandernde Formen seither ihre Areale nachweisbar verschoben und jung gehobene, früher vom Meer bedeckte Gebiete eingenommen haben, so ist es unmöglich, beim Mangel fossiler Reste die Wege der Wanderungen und Verschiebungen für die einzelnen Typen genauer zu bestimmen. Hier erreicht die Zoogeographie die Grenze ihrer Leistungsfähigkeit und die Paläontologie hat die weitere Untersuchung zu führen.

3. Wenn auch bei der heutigen Configuration der Erdoberfläche der Schwerpunkt der Neubildung generischer Typen auf der Nordhemisphäre liegt, so spricht doch eine Reihe zoogeographischer Thatsachen dafür, dass gewisse thierische Formen ihr Entstehungscentrum nicht im Norden, sondern mindestens in niedern Breiten, andere sogar weit südlich vom Aequator besessen haben und von da aus nach Norden vorgedrungen sind. Wahrscheinlich ist sogar die Anzahl der dahin gehörigen recenten Wirbellosen nicht unbeträchtlich, doch ist bei dem Mangel an paläontologischem Material und den wiederholten, durch klimatische und topographische Aenderungen der Erdoberfläche bewirkten Verschiebungen der Areale ein sicherer Entscheid nach dieser Richtung nicht möglich. Die nunmehr von verschiedenen Seiten mit Energie an die Hand genommene Durchforschung der Südpolar-Gebiete verspricht für diese Frage manchen Aufschluss.

4. Bei dem beständigen, bald schneller, bald langsamer stattfindenden Hin- und Herfluten der landbewohnenden Wirbellosen in Folge der topographischen und klimatischen Oscillationen wird es höchst zweifelhaft, ob da, wo heute, wo ein bestimmter generischer Typus in der Jetztzeit die grösste Artenzahl aufweist, auch sein Ursprungsherd gelegen sei. Wenn eine so grosse Artenhäufung, wie sie z. B. die Balkanhalbinsel für *Clausilia*, Nordasien für *Colias*, die Sandwich-Inseln für *Achatinella* aufweisen, auch unzweifelhaft eine besonders lebhafte Phase in der Geschichte jener Gattungen kennzeichnet, so ist die Frage nach dem ursprünglichen Ausgangspunkt doch vorläufig von dieser Thatsache völlig unabhängig und über eine gewisse Wahrscheinlichkeit hinaus zunächst nicht zu beantworten.

5. Die Annahme einer recenten Einwanderung längs der hohen Gebirgsketten in Folge der glacialen Klimaschwankung genügt nicht, um das Auftreten borealer Gattungstypen, wie *Colias*, *Argynnis*, *Carabus* in einzelnen Theilen der Südhemisphäre, wie Chile, Argentinien und Südafrika zu erklären. Vielmehr macht es die heutige geographische Verbreitung dieser Gattungen wahrscheinlich, dass ihre antarktischen Vertreter die versprengten Reste einer in vorglacialer Zeit zusammenhängenden Fauna bilden, welche in Folge der durch starke klimatische Schwankungen hervorgebrachten wiederholten Oscillationen ihres Areals endlich zerrissen wurde.

Diese Formen zeigen eine auffällige Analogie zu der Verbreitung von *Empetrum nigrum*, das zunächst der circumpolaren Flora des Nordens angehört, aber in Formen, die nur als Varietäten des Typus zu betrachten sind, an der Magalhaes-Strasse und in Chile — mit Ausschluss der Zwischengebiete — wieder auftritt.[1]

6. Besondere Schwierigkeiten der Erklärung bieten die Fälle generischer Typen, welche die heutige Invertebraten-Fauna von Madagaskar mit dem tropischen Südamerika gemeinsam, und zwar unter Ausschluss des äquatorialen Afrika, besitzt. Dahin gehört z. B. *Crania* unter den Schmetterlingen, *Prioteria* unter den Coleopteren, *Turpilia* unter den Orthopteren. Hier bieten sich verschiedene Möglichkeiten:

Entweder waren diese Formen im tropischen Afrika früher ebenfalls zu Hause, sind aber jetzt daselbst ausgestorben, so dass sich ein Zusammenhang der Areale über die mesozoische atlantische Landmasse ergäbe, oder der einstige Zusammenhang fand überhaupt nicht über die atlantische, sondern über die pacifische Landmasse statt, und Madagaskar sowohl als Südamerika würden nur noch die stehengebliebenen Randpartien des einst zusammenhängenden Areals bedeuten. Eine dritte Möglichkeit wäre die, dass diese Invertebraten-Typen sich in ihrer Verbreitung verhielten, wie z. B. die Centetiden unter den Säugethieren, welche heute ebenfalls nur noch in Westindien und Madagaskar Vertreter besitzen, aber mit gewissen frühtertiären Insectivoren Nordamerikas (*Leptictis* Leidy) eine gewisse Verwandtschaft besitzen, also möglicherweise von nordhemisphärischen Formen abzuleiten sind.

Die erwähnten thierischen Formen dieser Categorie finden ein merkwürdiges Analogon auch im Pflanzenreiche, wo die Euphorbiaceen-Gattung *Omphalea* mit sieben Arten in Amerika, mit einer Art dagegen in Madagaskar vertreten ist.[2]

[1] Mittheilung meines Freundes, Prof. Dr. Hans Schinz.
[2] Mittheilung von Prof. Dr. Hans Schinz.

Inhalts-Verzeichniss.

	Seite
Vorwort.	
I. Allgemeine Bemerkungen	1
Würmer	13
Peripatus	15
Crustaceen	15
Milben	15
Die ächten Spinnen	20
Myriopoden	25
Orthopteren	26
Neuropteren	30
Hemipteren	31
Dipteren	34
Lepidopteren	38
Coleopteren	47
Hymenopteren	51
Landmollusken	60
II. Theil. A. Die geographische Verbreitung der Megisthanus-Arten und eine neue Art dieser Gattung	84
B. Die geographische Verbreitung der Landschnecken-Gattung Clausilia	89
III. Schlussbetrachtungen	101

TAFEL I

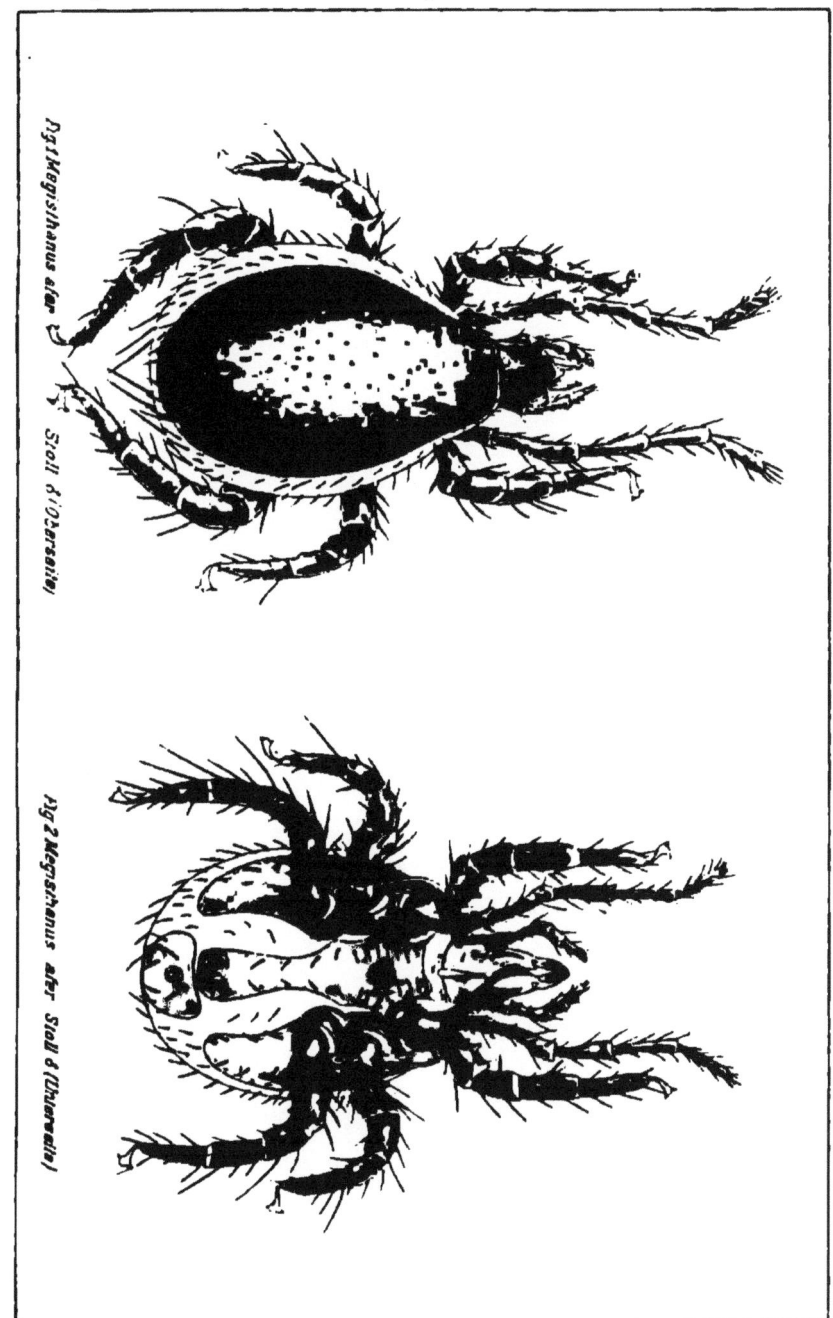

TAFEL II.

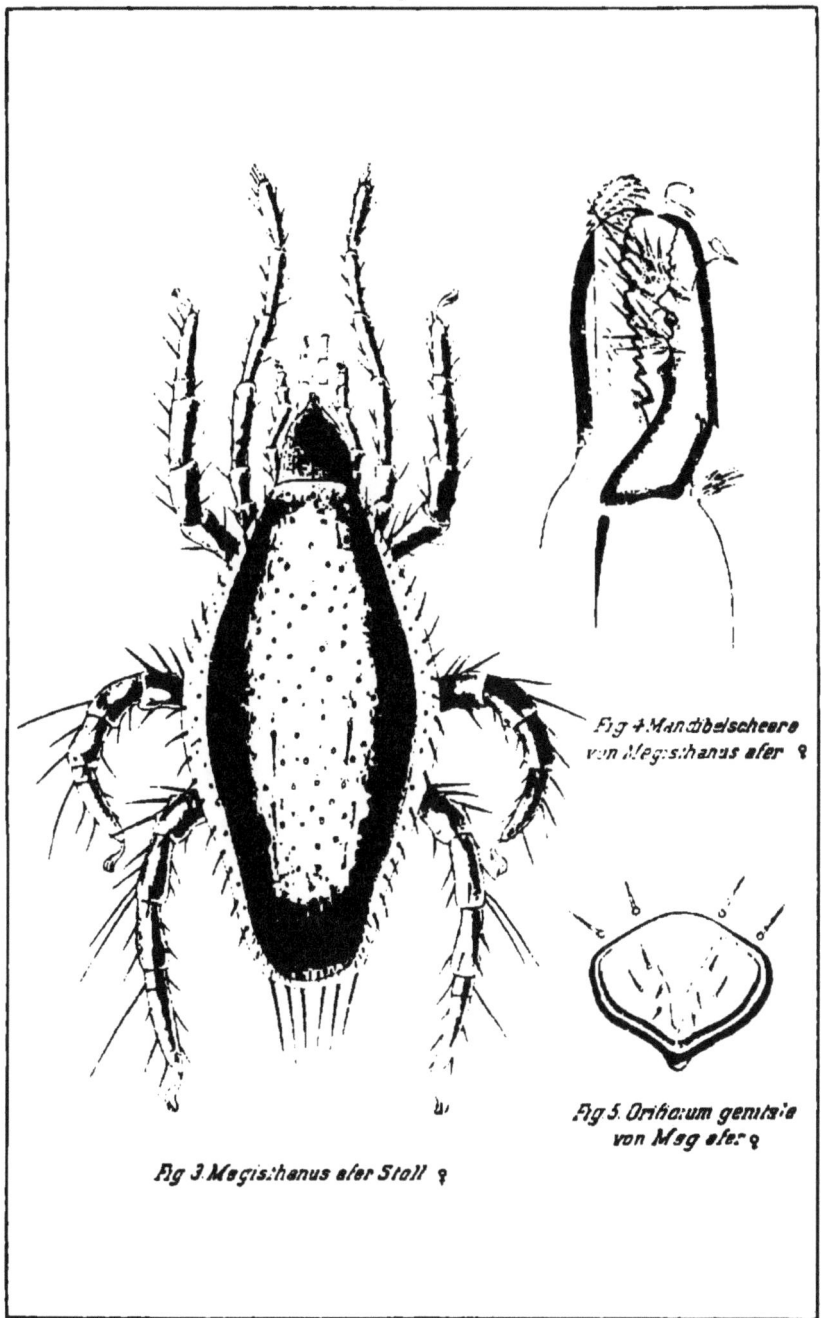

Fig. 3. Megisthanus afer Stoll ♀

Fig. 4. Mandibelscheere von Megisthanus afer ♀

Fig. 5. Orificium genitale von Mag. afer ♀